图书馆建设与信息服务创新探索

刘小菲◎著

中国书籍出版社
China Book Press

图书在版编目（CIP）数据

图书馆建设与信息服务创新探索 / 刘小菲著 . -- 北京：中国书籍出版社，2024.1
ISBN 978-7-5068-9577-4

Ⅰ.①图… Ⅱ.①刘… Ⅲ.①图书馆工作—情报服务—研究 Ⅳ.① G251

中国国家版本馆 CIP 数据核字 (2023) 第 177821 号

图书馆建设与信息服务创新探索
刘小菲　著

图书策划	邹　浩	
责任编辑	吴化强	
责任印制	孙马飞　马　芝	
封面设计	博健文化	
出版发行	中国书籍出版社	
地　　址	北京市丰台区三路居路 97 号（邮编：100073）	
电　　话	（010）52257143（总编室）　　（010）52257140（发行部）	
电子邮箱	eo@chinabp.com.cn	
经　　销	全国新华书店	
印　　厂	北京四海锦诚印刷技术有限公司	
开　　本	710 毫米 × 1000 毫米　1/16	
印　　张	11.25	
字　　数	218 千字	
版　　次	2024 年 1 月第 1 版	
印　　次	2024 年 1 月第 1 次印刷	
书　　号	ISBN 978-7-5068-9577-4	
定　　价	68.00 元	

版权所有　翻印必究

前　言

　　图书馆作为一座城市的文化灯塔，承载着信息传递、知识共享和文化传承的重要使命。信息科技的快速发展，为图书馆建设与信息服务带来了前所未有的挑战与机遇。在这个信息爆炸的时代，图书馆不仅需要持续创新，以适应时代发展的潮流，更要成为满足人们多样化需求的智慧空间。

　　本书主要阐释图书馆的发展演进、类型与构成要素、社会功能及属性等基础知识，通过解读图书馆建设中的人本思想，围绕移动图书馆、数字图书馆、智慧图书馆、自助图书馆和主题图书馆，探究图书馆建设与发展的多元化，进而思考图书馆信息资源建设。接着着重探讨了图书馆信息服务理论及其模式、图书馆信息服务职能拓展的相关内容，最后讲述云计算、大数据、人工智能、媒体融合等新技术在图书馆信息服务创新中的应用。通过深入研究与讨论，我们期望能够为图书馆建设与信息服务的创新提供新的视角和思路，促进图书馆成为信息社会中不可或缺的智慧枢纽，为人们的学习、生活与成长提供更多的支持与帮助。

　　全书理论观点新颖、论述深刻，紧扣时代脉搏，具有较强的理论性、实践性和指导性，对从事图书馆建设与服务的研究学者、工作者以及爱好者有学习和参考的价值。

　　本书在写作过程中，得到许多专家、学者的帮助和指导，在此表示诚挚的谢意。由于笔者水平有限，加之时间仓促，书中所涉及的内容难免有疏漏之处，希望各位读者多提宝贵意见，以便笔者进一步修改，使之更加完善。

目　　录

第一章　图书馆基础及建设思想解读 …… 1

- 第一节　图书馆的发展演进 …… 1
- 第二节　图书馆类型与构成要素 …… 7
- 第三节　图书馆的职能及属性 …… 15
- 第四节　图书馆建设中的人本思想 …… 21

第二章　图书馆建设与发展的多元化 …… 26

- 第一节　移动图书馆建设与发展 …… 26
- 第二节　数字图书馆建设与发展 …… 29
- 第三节　智慧图书馆建设与发展 …… 42
- 第四节　自助图书馆建设与发展 …… 51
- 第五节　主题图书馆建设与发展 …… 60

第三章　图书馆信息资源建设的思考 …… 68

- 第一节　信息资源建设概述 …… 68
- 第二节　图书馆信息资源建设的原则 …… 75
- 第三节　图书馆信息资源的采集与配置 …… 85
- 第四节　图书馆信息资源的布局与整合 …… 93

第四章　图书馆信息服务理论及其模式 …… 100

- 第一节　图书馆信息服务概述 …… 100

们生产经验和思想情感的交流，只能依靠记忆和面谈的方式，既不能远距离传递，也无法长期保存。后来，人们经过用结绳、雕刻记事等长期探索，终于创造了一种有效的象征符号——文字，而文字必须有相应的载体才能体现，文字与载体二者结合便产生了文献。图书文献是人类表达思想、交流经验以及保存记忆的工具，人类只有通过文字记录才能超越自己所直接生活的自然环境，使通信成为可能，使知识不断积累并世代相传。所以文字及文献的出现，大大提高了社会交流的广度和深度，从而揭开了人类文明史的序幕。

亚洲和非洲的大河流域，土壤肥沃、水源充足，非常适合人类耕种、定居，是人类文明的发源地，因而最早的文字记录就是在这些地区的国家产生和发展起来的。但是，当文字记录的各种文献资料增长到一定数量时，个人和社会集团就会感到难以有效地搜集和利用这些资料，为管理源源不断涌现的文献资料以服务社会实践，便产生了新的社会分工，出现了搜集、整理以及保存各种文献资料的机构，这就是最初形态的图书馆。

古埃及人曾为人类古代文明作出了重大贡献。约公元前3500年，古埃及就有了象形文字，并发明了供书写用的纸草书。在古埃及，收藏纸草书最多的地方是建立于公元前3世纪的亚历山大图书馆，其藏有纸草书七十万卷，可惜的是，在公元前47年的恺撒时代，因海港大火导致其众多藏书荡然无存。

在古代文明中，能与亚历山大图书馆相媲美的，还有公元前2世纪在小亚细亚建立的佩加门（Pergamum）图书馆，其藏有羊皮纸书二十万卷。

古代两河流域的苏美尔文明也是值得指出的，大约在公元前4000年，美索不达米亚地区就有了楔形文字和泥板图书。据考古发现，这些泥板文献多收藏在寺庙和宫廷王室里，内容包括宗教迷信、商行录以及政府档案等。收藏泥板书最著名的是亚述国王于公元前7世纪创办的巴尼拔图书馆，它搜集各种文献资料一万多篇，用方头铁笔刻在三万多块湿泥板上，烘干后保存于宫殿，并按主题分别收藏在不同的房间里，每间房的墙壁上都刻有一个粗略的排架目录，以供参考查阅。

中国是世界四大文明古国之一，历史悠久，文化灿烂，关于图书馆的起源可以追溯到遥远的古代。早在公元前4000多年左右的仰韶文化时期，我国就有了二十二个符号的半坡象形文字，到公元前14至公元前11世纪形成了系统的甲骨文，用以记录文字的载体有龟甲、竹木、青铜、缣帛等材料。在1899年河南安阳小屯村殷墟遗址发现的十万片甲骨上面，刻有会意、假借、形声等四千多个文字，记录了有关征伐、狩猎、祈祷及宫廷生活等方面的内容。后来，随着保存记录的文献资料不断增多，就出现了保管这些历史文献的史官。《史记·老子韩非列传》称老子曾任周朝"守藏室之史"，掌管四方之志，三皇五帝之术，这说明早在春秋时期，就已经有了主管藏书的机构和官员。①

综上所述，我们可以把这一阶段看作图书馆的萌芽或产生时期。之所以这样说，是因为第一，在远古时代，生产力低下，图书馆的物质基础——文献载体，无论是中国的甲骨、竹木、青铜或是外国的泥板、纸莎草、羊皮等，都是天然的物质，文献技术水平很低，生产加工十分艰难，文献数量不仅稀少而且十分笨重。第二，收藏文献还没有形成制度，也没有一套科学的管理方法。第三，由于自然知识的匮乏和"学术统于王宫"的现实情况，文献的内容侧重于提供统治经验，图书是极少数人的财产，大多数为奴隶主所享用，文献的利用范围极为狭小。第四，文献存储结构集中。从整个社会范围看，只有为数极少的孤立藏书点，而且都属于宫廷王室或寺院等社会机构。因此，我们只能把孕育阶段的图书馆形态称为"原始文献的集合体"，其主要职能是存储和保管文献资料，它的发展水平与当时的知识交流情况和奴隶社会低下的生产力水平相适应。

二、古代图书馆的发展

古代图书馆，发端于奴隶社会，发展、成熟于封建社会。在我国，习惯称之为"藏书楼"。

人类进入封建社会以后，由于工具的改进以及劳动生产率的提高，社会物质财富显著增加，脑力劳动和体力劳动进一步分工，不仅统治阶级需要吸取历朝历代的治国理政历史经验，而且从事科学文化教育的知识分子也需要获得必要的文献资料。为适应这种社会知识交流的需要，人们发明了廉价而轻便的书写材料——纸，之后又发明了印刷术，使得文献生产技术有了很大的进步，图书资料的数量大大增加，且文献的利用率进一步提高。正是在这样的社会背景下，图书馆逐渐从其他社会机构中分离出来，形成了一种独立的社会机构。

然而，由于世界各国历史进程的差异，古代图书馆的形成过程、发展状况以及具体历史作用也不尽相同。中国绵延两千多年的封建社会，形成了世界古代图书馆事业的典型。公元前211年，秦始皇统一中国以后，就在咸阳阿房宫设立了藏书机构。秦灭而汉兴后，汉高祖刘邦令萧何接管阿房宫的藏书，并在此基础上建立了我国历史上第一个正式国家图书馆——石渠阁。在汉武帝时，随着封建经济的发展和文化的繁荣，"建藏书之策，置写书之官，下及诸子传说，皆充秘府"。成帝、哀帝又命刘向、刘歆父子对天禄阁藏书进行了大规模的整理，"条其篇目，撮其要旨"，编成了我国最早的国家藏书目录——《七

---

① 司马迁.《史记》卷六十三《老子韩非列传第三》[M]. 湖南：岳麓书社，1988：493.

略》，从而奠定了我国封建社会藏书事业的基础。此后，从三国时期到魏晋南北朝再到隋唐五代，随着古代经济、政治和文化的发展，特别是雕版印刷术的发明，使古代藏书楼进入了发展时期，隋朝西京嘉则殿藏书有三十七万卷；唐代进一步完善了管理藏书的机构，设秘书省兼管藏书和校书，又令秘书监魏征等人整校群书，修成《隋书·经籍书》，其记载了我国上古至中古时期的书籍发展情况。从宋朝开始，我国古代图书馆事业达到了繁荣兴盛的阶段。公元11世纪毕昇发明了活字印刷术，使得书籍的生产量大大增加，再加上科举盛行、学术昌明、文化繁荣，私家藏书和书院藏书的风气蓬勃兴起，与当时的官府藏书交相辉映。宋代除了国家藏书机构崇文苑之外，还有白鹿洞、岳麓、应天、石鼓书院等藏书机构。明代国家藏书机构文渊阁藏书达四万三千二百册，著名的私人藏书家有四百余人，如江苏毛子晋的汲古阁、浙江范钦的天一阁等，他们为保存古代文化典籍作出了卓越贡献。清代学术繁荣，著述颇丰，著名的藏书家有四百九十余人，清乾隆帝组织编纂的《四库全书》，收集古代文献典籍三千五百零三种，共七万九千三百三十七卷，缮写七部，分藏于"七阁"，并编制了《四库全书总目提要》二百卷，树立了中华文苑的丰碑。

在欧洲，中世纪正是宗教主宰万物的黑暗时代，宗教思想取代了古希腊、古罗马文化，文化成为宗教的专利品，因而图书馆事业远不及中国发达。这一时期西方的图书馆，通常都是附设在大教堂或宫廷王室里，大多数图书馆只是在寺院内部抄写一些《圣经》和古希腊、古罗马的典籍而已。图书馆的藏书仅供僧侣或王公贵族使用，并且为防止图书丢失，还用铁链条把书拴在书架上。这个时期图书馆的主要任务是保存手稿和文化典籍。

这一时期图书馆的形态就是所谓的封闭性藏书楼。由于文化被统治阶级所垄断，图书文献被视为私有珍品，不仅私人藏书"书不出阁"，就连国家藏书也被统治者视为"退朝以自娱"的工具，据为皇室所有。图书馆的读者，多为藏书的主人，整个图书馆处于相对静止、封闭的状态，所以人们称这一时期的图书馆为"藏书楼"。这一时期图书馆的工作，主要是收藏图书、分类编目、辨章学术、考订版本等。这种受制于封建小农经济知识私有的思想，是藏书楼"以藏为主"的外在表现形式。

尽管古代图书馆以收藏和保存文献为主，且基本上属于宫廷和神学的附属品，但在漫长的封建社会里，它却为后世积累和保存了大量的文化典籍，对文化的持续和发展作出了巨大贡献。同时，古代图书馆经过长期的藏书实践，创造了搜集、整理图书的宝贵经验和方法，为图书馆学的形成积累了资料，是图书馆知识体系中不可或缺的组成部分。

三、近代图书馆的发展

近代图书馆是伴随着资本主义生产方式出现而由古代图书馆演变过来的。

文艺复兴运动冲破了宗教势力的桎梏；17世纪中叶英国的资产阶级革命敲响了封建统治的丧钟，然后经过了二百多年的大动荡，最终确立了资本主义制度，世界进入了近代史时期。随着资产阶级革命的成功，社会的经济、政治、科学、文化等方面都得到了迅速发展，从而为图书馆事业的发展开拓了广阔的前景。第一，新兴资产阶级提倡个性自由和精神解放，要求打破封建统治的文化垄断，从根本上动摇了封建藏书楼的基础。第二，资产阶级教育的普及和文化启蒙运动的开展，不仅从事生产活动的工人要掌握劳动生产技能，一般市民也要求普及科学文化知识，图书阅读成为一种社会需要。第三，近代科学的发展，远洋航路的发现以及世界市场的形成，人们的交往活动日趋频繁，也要求图书馆作为广泛传播知识信息的机构而存在。第四，工业革命改进了造纸技术和印刷技术，解决了书籍快速生产的问题，使图书馆的藏书增多，为更多人同时使用图书馆提供了物质条件。

到了这一时期，藏书楼再也不能满足社会各方面的需要，建立一种不专属于某个家族或个人的、能方便人民大众利用的图书馆，不仅有必要而且社会条件也已经具备，于是封建藏书楼解体，近代图书馆应运而生。考察近代图书馆的产生和发展历程，首先是创办了大学图书馆，然后各个国家建立国家图书馆，继而大量公共图书馆兴起。

在中世纪末期，大学陆续出现于欧洲各国。由于教育制度以书籍为中心，所以各大学都建立了藏书丰富的图书馆。著名的有牛津大学图书馆、巴黎大学图书馆、剑桥大学图书馆等，特别是1737年创办的德国哥丁根大学图书馆，其图书采购由馆长和教授严格挑选，并编有完善的目录，一切工作从方便读者的角度出发，向所有从事科学工作的人开放。

17世纪以后，许多国家都建立了全国性的图书馆。1661年德国建立了柏林皇家图书馆；1712年西班牙成立了国家文库；1800年著名的美国国会图书馆诞生，至今成为世界上最大的国家图书馆。但是，古代藏书楼演变为近代图书馆的主要标志，是公共图书馆的建立。早在1571年，意大利的佛罗伦萨就创立了欧洲第一个公共图书馆——美第奇图书馆。以后，随着资本主义工业生产的到来，商业贸易蓬勃发展，工商业城市的形成以及科学文化知识的普及，人们把公共图书馆看成"公共学校的无上光荣的事业"。因此，19世纪初，许多国家逐渐建立了公共图书馆。1850年英国议会通过了建立公共图书馆的第一个法令。1852年，据此法令在曼彻斯特建立了第一个公共图书馆。19世纪末、20世纪初，欧美各国都相继建立了较发达的公共图书馆系统，使社会公众能够广泛地使用图书馆的藏书。

然而，图书馆事业的发展在世界各国很不平衡。古代文明发源地的亚非地区，因受本国封建势力和外来殖民主义的压迫和剥削，经济贫困、科学文化落后，在从古代图书馆向近代图书馆转变的过程中反而成为落伍者。

综观当时阶段，图书馆已经从私人占有向社会化转变，从封闭式的藏书楼转向为社会大众开放的趋势。图书馆的藏书不再局限于达官贵人的阅享，也为普通百姓提供服务，允许公众广泛利用其馆藏是近代图书馆的显著特征。

图书馆为了满足公众对书刊文献资料的需求，其文献存储结构也发生了变化，由分散转向图书馆之间的联合。馆际互借的开始、图书馆网概念的提出以及国际图书馆协会联合会的成立，都体现了这种联合发展的趋势。就图书馆自身的活动规范来看，不仅搜集、保存图书，更重要的是面向社会大众开放，提供读者服务，于是逐渐形成了从采访、分类和编目到阅览、宣传和外借等一整套科学的工作方法。随着图书馆工作体系的扩展和技术的日臻完善，图书馆学研究和图书馆教育也应运而生。1887年美国图书馆学家麦维尔·杜威在哥伦比亚大学建立了第一所图书馆管理学校。这是图书馆正规教育的起点，标志着图书馆学已成为科学大家庭中的一员。

至此，图书馆在其漫长的发展道路上已达到了成熟的阶段，开始成为人们社会生活的有力组织者，肩负起社会文献分配和知识交流的重任。它的社会职能，除了保存人类宝贵的文化典籍外，还具有传播科学文化知识、对人们进行社会教育的作用。它作为社会教育的重要设施，被人们誉为"知识宝库""社会大学"。

四、现代观念图书馆的发展

第二次世界大战以后，随着科学技术的迅速发展，图书馆进入到一个新的发展阶段——现代观念的图书馆，这是图书馆性质和职能的又一次重大变革。

在新的时代，由于知识爆炸性增长，大大冲击了作为人类社会知识交流中心的图书馆。第一，知识总量空前增加。第二，随着知识的快速增值，出版物急剧增加。第三，学科内容交叉渗透，同一学科的文献高度分散。第四，知识的"新陈代谢"加快，各类资料形态的知识寿命大大缩短，如图书保存期限约10~20年，而期刊仅有3~5年。第五，知识的社会价值空前提高。知识已成为一种国家资源，在经济发展、科技进步以及国际竞争中起着关键性作用。这一切，都向传统图书馆提出了严峻的挑战——如何有效地汇集人类创造的知识信息，怎样及时加工整理数量庞大的图书文献，以便快、精、准地向社会传输知识信息，已成为图书馆在其发展道路上面临的重大课题，给图书馆的生存和发展带来了严峻挑战。

为了迎接这种挑战，图书馆必须从观念到技术手段进行一场新的全面变革。促成这一变革的直接动力是现代科学技术在图书馆的广泛应用。电子计算机技术、现代通信技术以及互联网技术应用于图书馆，改变了知识存储的形式。获取知识的手段及其传播的方式，为图书馆的自动化和便捷化提供了物质和技术条件。现代技术改变了图书馆的形象，图书馆由近代进入到现代的发展阶段。

基于上述变化，图书馆观念已由过去传统的"知识宝库"转换成"知识喷泉"。除了保存文化典籍，普及科学文化知识，继续强化社会教育以外，现代图书馆还具有传递情报、信息以及为科学研究服务的职能。因此，人们称现代图书馆是科学交流的重要渠道，是学术性的服务机构。

纵观图书馆产生和发展的过程，我们可以得出这样的结论：①图书馆作为一种社会文化现象，它随着文字记录的出现而产生，又随着人类社会实践活动的发展而不断变革和发展；②图书馆的产生，大大促进了社会交流。图书馆以其搜集和保存的功能聚集了自古迄今人类创造的精神文化产品，以其传播和提供服务的功能，使社会知识扩散到社会的各个阶层，传递给广大人民群众，成为社会知识的"收发地"，是人类知识继承和发扬的有效工具；③图书馆的发展受制于社会：社会政治和经济制度，规定了图书馆的性质和服务方向。社会的生产力水平、教育的普及程度和科学技术的发展进步，决定了图书馆的发展速度、规范和方向；④"图书馆是个不断生长的有机体"，在生产实践和科学技术发展的驱动下，其本身的活动内容和社会职能具有动态变化的特性，从最初的以收集和存储文献为主的形态，逐渐向以充分利用文献为主的形态演变。正是这种"自身调节"的适应性，才使得图书馆不断发展和壮大。

随着互联网的快速发展，人类社会的信息交流渠道不断增加，图书馆作为社会信息交流中心的地位被大大削弱。但是人类社会与文明的进一步发展，是建立在继承人类既有的科学技术、文化、经济等成果的基础之上，没有继承，就谈不上发展，而图书馆正是人类文明在时间和空间中得到传承的不可或缺的中介性机构。在知识经济时代，知识、信息成为社会发展最重要的资源，知识管理、信息资源管理具有重要意义，作为社会信息资源管理机制最重要的组成部分之一的图书馆，将继续发挥其不可替代的作用。因而，图书馆将在信息社会中长期存在并持续为社会信息资源管理作出巨大贡献。

第二节 图书馆类型与构成要素

一、图书馆类型划分

（一）图书馆类型划分的意义表现

图书馆事业是由各种类型的图书馆组成的，而每种类型的图书馆，其产生和发展都有着自己的特点。随着图书馆事业的发展，社会上相继出现了各式各样的图书馆。这些图书馆的具体任务和服务对象不同，对书刊文献资料的搜集、整理、保管和传播的内容、方法形式也各有差异。因此，对图书馆进行分类研究，是图书馆学研究的一项重要内容，具体表现在以下几方面：

一是研究图书馆的类型划分，有助于把握不同类型图书馆的不同特点，以便能够从读者的信息需求、馆藏文献和目录组织及组织管理等方面，来科学地制定各类型图书馆的方针任务、发展策略，充分发挥各类型图书馆的作用。

二是发展各种类型的图书馆，组成为科学研究、经济建设和社会成员服务的社会图书馆体系，这是一个国家图书馆事业建设的重要任务之一。

三是研究图书馆的类型划分有着重要的现实意义，它有利于从全国或一个地区范围内对图书馆事业的发展做好全面规划和统筹安排，促进图书馆事业均衡、协调地发展。

四是研究不同类型图书馆的产生、发展及其特殊性，是专门图书馆学研究的基本内容。区分不同类型图书馆，就为按照类型研究图书馆活动、科学地总结不同类型图书馆的特点和活动规律打下基础。

（二）图书馆类型的划分标准

1. 国际划分标准

要想将图书馆划分为不同的类型，首先就要确定划分的依据。要分析图书馆的差异，寻找各馆的不同因素，或是共同的、相近的因素。这些共同的、相近的因素，就成为人们划分图书馆类型的标准。由于这些共同的、相近的因素是从各种图书馆的不同方面归纳出来的，这就使得图书馆类型的划分标准具有多样性。因此，根据不同的标准来划分，图书馆就会分属不同的类型。在国际上，由于各国对图书馆类型的划分标准很不一致，这就不可避免地给图书馆事业的统计和图书馆界的交流造成很大的困难。因而划分图书馆类型的标准很有统一的必要。在联合国教科文组织的支持下，国际标准化组织和国际图书馆协会联合会为制定图书馆统计的国际标准，从1966年开始，进行了一系列工作，并于1974年由国际标准化组织颁布了"ISO 2789—1974（E）国际图书馆统计标准"。在这个标准中，专门有"图书馆的分类"一章，把图书馆区分为国家图书馆、高等院校图书馆、其他主要的非专门图书馆、学校图书馆、专门图书馆和公共图书馆六大类型，并对每种类型的图书馆都作了概念性的规定。[①]

---

① 张荣，金泽龙. 图书馆学基础 [M]. 成都：电子科技大学出版社，2015：63.

（1）国家图书馆。凡是按照法律或其他安排，负责搜集和保管国内出版的所有重要出版物的副本，并且起贮藏图书的作用，不管其名称如何，都是国家图书馆。它们通常也执行下述某些功能：编制全国总书目，拥有并更新一个大型的有代表性的外国文献馆藏（包括有关该国的书籍），作为国家文献目录信息中心，编制联合目录，出版回溯性全国总书目。名字叫作"国家"图书馆，但其功能与上述定义不符者，则不应列入"国家图书馆"类型之中。

（2）高等院校图书馆。高等院校图书馆是指主要服务于大学和其他第三级教学单位的学生和教师的图书馆。它们也可能向公众开放。注意应作如下区别：第一，大学的主要或中心图书馆或者同一馆长领导下的分布于不同地方的图书馆；第二，附属于大学的研究所和系，不受大学的主要或中心图书馆领导和管理的图书馆；第三，附设于高等院校但不是其一部分的图书馆。

（3）其他主要的非专门图书馆。其他主要的非专业图书馆是指有学术特征的非专门图书馆，它们既不是高等院校图书馆，又不是国家图书馆，但它们对特定的地理区域履行一个国家图书馆的职能。

（4）学校图书馆。学校图书馆是指那些属于第三级院校以下的所有类型学校的图书馆，虽然它们也向公众开放，但主要服务于这些学校的教师和学生。用于同一学校若干班级的单独馆藏，应认为是一个单一的图书馆，它们应算为一个行政管理单位和一个服务点。

（5）专门图书馆。专门图书馆是指那些由协会、政府部门、议会、研究机构（大学研究所除外）、学术性学会、专业性协会、博物馆、商业公司、工业企业商会等或其他有组织的集团所支持的图书馆。它们收藏的大部分是有关某一特殊领域或课题，例如自然科学、社会科学、农业、化学、医学、经济学、工程、法律、历史等方面的书刊。注意应作如下区分：第一，对需要服务的所有社会成员提供材料和服务的图书馆；第二，虽然在某些情况下也为那些负责支持图书馆的团体外的专家信息需求提供服务，但它的馆藏与服务主要是针对它的基本用户信息需求作准备而加以设计的。

（6）公共图书馆。公共图书馆是指那些免费或只收少量费用，为一个团体或区域的公众服务的图书馆。它们可以为一般群众服务，或为专门类别的用户（例如儿童、军人、医院患者、囚犯、工人和雇员等）服务。注意应作如下区分：第一，真正的公共图书馆，即那些全部或大部分受市政当局（市图书馆或区域图书馆）资助的图书馆；第二，由私人资助的图书馆。

2. 国内划分标准

在我国，通常使用的划分图书馆类型的标准主要有如下几种：

（1）按领导系统划分：一是文化系统图书馆，包括由文化和旅游部和各省（自治区、市）文化厅、局（文物局、文物管理委员会），以至地、县文化局（科）领导的国家图书馆、各级公共图书馆、各级少年儿童图书馆、城乡基层图书馆（室）、社区图书馆。二是教育系统图书馆，包括教育部和各级教育行政部门领导的大、中、小学校图书馆（室）。三是科学研究系统图书馆，包括中国科学院、中国社会科学院、中国医学科学院、中国农业科学院、中国地质科学院，以及其他专业科学研究机关所属的图书馆（室）。四是工会系统图书馆，包括中华全国总工会及各级工会所领导的工人文化宫和各厂矿企业所属的工会图书馆（室）。五是共青团系统图书馆，包括各级共青团组织所领导的青年宫、少年宫、少年之家图书馆（室）。六是军事系统图书馆，包括军事领导机关图书馆、军事科学图书馆、军事院校图书馆及连队基层图书馆（室）等。

（2）按藏书成分划分：一是综合性图书馆，包括各级公共图书馆、综合性大学图书馆、工会图书馆等。二是专业性图书馆，包括专业科学研究机构、专业院校及专业厂矿技术图书馆（室）等。

（3）按读者对象划分的图书馆，如儿童图书馆、盲人图书馆、少数民族图书馆等。

（4）按主要任务划分的图书馆，如科学图书馆、大众图书馆。

上述标准各自从不同的角度揭示了图书馆的类型。但任何单一的标准都不能完全揭示各类型图书馆的特点，这就决定了对图书馆类型的划分不能只采用单一的标准，必须把各种标准结合起来使用，才能准确把握图书馆类型。

（三）我国图书馆类型的划分

划分我国图书馆的类型，应根据图书馆的领导系统，结合图书馆的性质、读者对象和藏书内容等标准进行。

1. 我国图书馆的主要类型

我国图书馆的主要类型包括国家图书馆、公共图书馆、高等院校图书馆、科学图书馆、专业图书馆、技术图书馆、工会图书馆、军事系统图书馆，以及中小学图书馆、儿童图书馆等。

2. 我国三大系统图书馆

在我国各类型图书馆中，以公共图书馆（包括国家图书馆）、高等院校图书馆、科学院图书馆三种类型图书馆发展比较迅速，规模比较大，成为我国图书馆事业的三大支柱。因为这三大系统图书馆藏书丰富，技术力量雄厚，设备先进，已起到了藏书中心、协调中心和服务中心的作用，在整个图书馆事业上起着举足轻重的作用，所以人们习惯上称为"三大系统图书馆"。

这些图书馆的馆藏文献较为丰富，技术力量较强，并承担着文献资料中心、服务中心、协调中心和研究中心的重要任务。

二、构成图书馆的要素

关于图书馆的构成要素，有一个发展过程。历史上，曾有三要素、四要素和五要素等说法，都是在当时的历史条件下，对图书馆学研究对象所作的一种表述方式，在图书馆学理论研究领域具有一定影响。我国较早提出"要素说"的有陶述先生，他于1929年《图书馆广告学》中说："图书馆，其要素有书籍、馆员和读者三个"。1932年杜定友先后在《浙江图书馆月刊》发表的《图书馆管理法上之新观点》一文中，认为图书馆有书、人和法三个要素。书指的是图与书等一切文化记载；人指的是读者或阅览者；法包括设备、管理方法与管理人才。三个要素之间形成"三位一体"的关系，并以书、法、人的次序来解析图书馆事业发展的重点；他认为这三个要素是图书馆学的主要内容，是图书馆事业的理论基础。

1934年刘国钧先生在《图书馆要旨》一书中指出："图书馆成立的要素，若加以分析，可以说有四种：即图书、人员、设备和方法。图书是原料，图书馆人员是整理和保存这些原料的；设备包括房屋在内，乃是储藏原料、人员、工作和设备的场所，而方法乃是图书与人发生关系的媒介，是将图书、人员和设备打成一片的联络线。分别研究这四种要素便成为各种专门学问。"1957年他又写了《什么是图书馆学》一文，在这篇论文中，进一步发展了图书馆要素的说法，明确指出："图书馆事业有五项组成要素：其一是图书；其二是读者；其三是领导和干部；其四是建筑与设备；其五是工作方法"，并认为"图书馆学所研究的对象就是图书馆事业及其各个组成要素"，分别就这五项要素进行研究，就构成了图书馆学的整体，中心内容是技术和方法。

如今，图书馆由藏书、读者、馆员、技术方法、建筑与设备、图书馆管理六个要素组成，这些要素相互联系、相互作用，构成了图书馆的有机整体。

（一）藏书

图书馆的藏书是一个包含多种类型文献的综合概念，它代表了图书馆所收藏的各种资源的总和，涵盖了传统的印刷型文献以及新型媒介如视听资料、电子出版物等。藏书作为图书馆存在和发展的物质基础，其集结是基于图书馆的性质、任务以及读者的需求，有目的性、系统性地收集各类文献，并通过科学的加工与整理，合理地组合与分类，形成有重点和层次的图书馆藏书体系，以满足读者的利用需求。图书馆的藏书具有三个主要特征：首先，它是文献资源的综合集合；其次，它是经过精心选择的文献资源的汇总；最后，它经过加工和组织，以便为读者提供利用和查询的便利。

所谓文献，ISO《文献情报术语国际标准（草案）》中的定义是："文献是指记录一切人类知识信息的载体。"根据这个定义，图书馆的藏书不仅包括传统的印刷型图书，还包括其他物质载体的文献，这就突破了传统图书馆藏书的概念。

文献的总和并不是所有文献的随意相加和堆砌，图书馆的藏书是根据图书馆的性质、任务和读者对象的需求而精心挑选出来的文献。由于各个图书馆的性质、任务和读者服务对象的不同，因此，所收藏的文献侧重点也有所不同。所以"藏书"只是图书馆针对自己的特定情况而精心选择的部分文献资料。

图书馆的藏书是经过科学方法进行加工，按一定的体系布局排列，并进行合理的保管，最终提供给读者利用的文献资料。不经过加工的文献，不能是真正意义上的图书馆藏文献，它不可能在图书馆流通和借阅，也无法在图书馆有序排列和保管。

长期以来，关于图书馆藏书的"藏"与"用"问题，一直是人们争论的焦点，程亚男先生指出，图书馆的本质属性是藏用性，即对文献的收藏与利用，或称文献的聚集和知识信息的传播。对此，他提出三点理由：一是藏用性是图书馆区别于其他机构的特有属性；二是藏与用是古今中外图书馆都具有的基本功能；三是图书文献的收藏与利用，构成了图书馆的特殊矛盾和主要矛盾，这对矛盾决定着图书馆的其他矛盾，不断运动，推动着图书馆事业的发展。由此可见，图书馆藏书的"藏"与"用"是一个长期被图书馆界讨论或争论的话题。

特别指出，图书馆的藏书和用书是一对矛盾统一体。有人提出藏书应以"用"为目的，这个观点不完全贴切。其实，不同的图书馆在文献资料"藏"与"用"的问题上应有所侧重。如国家图书馆行使国家总书库的职责，理应以"藏"为主。而省级公共图书馆则应就地方文献以用为主。但是，无论"藏"还是"用"，图书馆的藏书之最终目的是为社会所"用"的。

（二）读者

读者包括读者范围及读者类型。

1. 读者范围

读者是指图书馆的服务对象，通常指具有一定阅读能力，从事阅读活动的社会成员。图书馆的读者群属于特定的范畴，它是社会群体中的一部分，专指与图书馆发生关系的人，凡是利用图书馆从事活动的一切社会成员都是图书馆的读者，其中包括个人、集体、单位。在各级各类学校，图书馆实际上就是以教师和学生为主要读者对象；而在社会图书馆，读者的含义相当广泛。因此，要将图书馆的服务延伸到社会的各个阶层及所有社会成员中，最大限度地发挥图书馆在促进社会进步与发展中的作用，满足各类人士的需求。

2. 读者类型

读者类型一般是指图书馆的读者是持有借书证的人。随着社会科学技术的不断发展，特别是网络技术的普及，以及社会人生存方式和休闲方式的多样化，图书馆的读者对象发生了很大变化。就目前来说，图书馆的读者有三种含义：一是现实读者。图书馆的现实读者可分为正式读者和临时读者。正式读者指持有图书馆借书证或阅览证，与图书馆建立正式借阅关系的人；临时读者指无借阅证，尚未与图书馆建立确定关系，偶尔利用图书馆的人。二是潜在读者。一切造访图书馆的人，包括在图书馆休闲娱乐的人，听讲座、看展览的人，以及没有任何目的走进图书馆的人。三是网络读者。指通过网络浏览图书馆网页的人。图书馆网络读者的特点是面广、数量多、且不受地域限制。网络读者的出现，要求图书馆加大文献数字化建设，以跟上现代信息技术的发展，满足人们对网络信息的需求。

（三）馆员

馆员指图书馆所有的工作人员，包括各层次的领导干部、行政管理人员和技术业务工作人员。其中，图书馆里技术业务人员包括图书管理员、助理馆员、馆员、副研究馆员、研究馆员等。他们都是图书馆各项工作的管理者和组织者，是联系图书馆与社会各界的媒介。图书馆社会作用、工作成绩的优劣，很大程度上取决于图书馆员的综合素质。

随着知识经济时代的到来和信息社会的发展，图书馆的社会角色发生了很大变化，从单一的传递书刊、文献资料，发展到今天的信息查询、社会教育、传递科技情报、网络信息等多种服务形式。这些业务的延伸和发展，对图书馆员的思想素质、综合素质及业务素质提出了更高的要求，这就需要原有人员不断更新知识才能适应时代要求。

（四）技术方法

技术方法是指图书文献的收集、整理、组织、管理、流通、利用，以及各个业务部门工作的技术方法。技术方法构成了图书馆工作的方法系统，该系统包括了传统手工操作的技术方法，也包括了以计算机技术为主要手段的现代信息情报技术。

现代化技术方法的运用需要合理地调整图书馆的工作程序，以提高图书馆管理的效益，在2004年全国公共图书馆第三次检查工作中，把合理的工作程序作为考核图书馆服务效益的标准。这一标准的出台，标志着对图书馆现代化技术的应用提出了更高要求。

（五）建筑与设备

图书馆的建筑与设备是图书馆开展工作的物质条件，其建设规模、建筑风格及现代化设备的应用，将使图书馆的服务工作从单一向深度和广度发展，服务手段从单向向多元化发展，服务能力和效益得到极大的提高。

目前，世界上绝大多数国家，将国家图书馆、省市图书馆和高等学校图书馆作为图书馆建设的重点。其硬件建设作为教学、科研和国家城市文明进步评估的重要内容，并对其建设规模、藏书数量等有详细的评估指标。另外，图书馆的建筑风格和技术装备也有一定的要求，首先是建筑风格有着明显的时代特征。随着图书馆读者服务工作内容、形式、技术设备的不断变化，图书馆的建筑也随之而改变。从传统图书馆到现代化图书馆，图书馆的技术设备随着服务方式的改变、新技术的应用不断地发生着变化。其次，技术装备也有较大的改观。如计算机设备、电工设备、空调设备、消防安全设备及业务工作相应的技术设备等。

（六）图书馆管理

图书馆管理是指计划、组织、控制、协调图书馆工作中的人力、物力、财力的合理运用，达到以最少的消耗来实现图书馆的既定目标，完成图书馆任务的过程。没有图书馆的科学管理，就没有工作的合理化和科学化，图书馆也就不能成为一个具有特定功能的有机整体。

图书馆管理的内容有很多，如：图书馆组织机构的管理、人事制度管理、业务管理、行政事务管理、图书馆的规章制度、管理的方式和方法等。这一切形成了图书馆整个的管理体系，以保证图书馆事业科学、高效、可持续地发展和壮大。

第三节 图书馆的职能及属性

一、图书馆的职能分析

图书馆的职能是指各级各类图书馆共同具有的职能。这些职能贯穿于图书馆的整个发展过程中,不随图书馆的技术方法、服务手段等方面的改变而改变,也不随社会的发展而变化。尽管不同社会、不同时期、不同条件的图书馆所承担的社会职能有所不同,有的侧重这一职能,有的侧重另一职能,但是基本职能是相同而不变的。

(一)基本职能

图书馆的基本职能就是收集整理文献并提供使用,具体来说可以分为三个部分:一是对知识、信息的物质载体进行选择、收集;二是对知识、信息的物质载体进行加工、整理、存储、控制、转化;三是对知识、信息的物质载体进行传递和提供使用。

图书馆的基本职能是由图书馆的本质属性所决定的,反过来它又体现着图书馆的本质属性。任何图书馆,必须具备这三项基本职能才能独立存在,才能正常地、健康地发展。图书馆的三项基本职能:收集、整理、提供使用,是一个不断循环往复的过程。这一过程使图书馆保持着一个动态的平衡,维持着与外界的物质、能量和信息的交换。

(二)社会职能

图书馆的社会职能是以基本职能为基础的,是图书馆基本职能在一定社会的表现形式。如果说图书馆的基本职能是固定的,不受实践影响的,而图书馆的社会职能则受一定社会的影响,是社会赋予它和要求它的。因此,图书馆的社会职能随着社会的发展而扩展和深化。从古代图书馆到近代图书馆再到现代图书馆,图书馆职能的变化都是为了适应社会发展的需要。1975年国际图联将现代图书馆的职能定义为:社会文献信息流整序、保存人类文化遗产、开展社会教育、传递科学情报、开发智力资源、文化娱乐休闲职能。上述职能基本上反映了现代图书馆的实际情况和现代社会对图书馆的要求。

1. 社会文献信息流整序

社会文献信息的生产具有两个明显特征:一是它的连续性;二是它的无序状态。

所谓连续性,是指社会文献信息一旦产生,它就不会停止运动,总是源源不断地涌现。如计算机的产生，随之而来的是大量关于计算机知识的信息，这些文献会源源不断地继续下去，随着学科的发展而发展，社会文献流的这种连续运动状态，就叫作"文献信息流"。①

所谓无序状态，是指社会文献信息的产生，从个体单一的机构来说是自觉的、有目的的，但从社会整体上来说则是不自觉的、无目的的；文献流向是分散的、多头的。文献这种无秩序的、自然排列的流动状态就是"无序状态"。社会文献流的这种无序状态，给使用者带来了极大的不便。为了使它们能够合理地、有效地、方便地利用文献信息，控制文献信息流的流通，需要对文献信息进行整序。图书馆就是这种能对社会文献信息进行整序的社会机构。因此，对社会文献信息流的整序，就成为图书馆最基本的职能之一。

图书馆文献信息的整序工作，就是利用分类、编目等技术方法，揭示文献信息的内容特征和形式特征，通过对文献信息的科学分类、组织，以达到为读者提供文献信息服务的目的。

2. 保存人类文化遗产

图书馆是人类文明的载体，它从产生之日起就承担了保存人类文化遗产的职能。图书馆按照一定的原则和范围，全面系统地收集记载人类社会发展的各种信息并对它进行加工、整理，使其长久地保存下来，流传下去。图书馆对于人类社会发展和进步有着不可磨灭的历史功绩。

图书馆最广泛、最完整地保存了记载人类活动的知识文化典籍，在整个社会体系中，占有任何其他文化机构都不能取代的重要位置。因此，保存人类文化遗产是图书馆特有的职能。

为了系统地、完整地保存人类文化遗产，许多国家颁布了有关保存珍贵图书、地方文献的法令，大多数国家还制定了出版物的呈缴本制度，由有关图书馆来负责系统地、全面地收集保存国内出版物，版本图书馆的建立就是为了这一目的。

3. 开展社会教育

图书馆是社会教育体系中的重要组成部分，古代的图书馆就有着教育职能，但由于范围小，社会职能不很明显。由于大机器工业的生产不断要求各种工作有比较高的科学技术知识含量，社会的需要使图书馆工作不再局限于收藏与管理任务。在这种情况下，图书馆逐渐对社会开放，广大读者涌进图书馆寻求知识，接受教育，使图书馆成为一个重要的社会教育机构，随着现代科学技术的发展，学习型社会的建立，人们对知识的需求越来越迫

---

① 朱炜民. 浅议图书馆的社会功能 [J]. 黑龙江档案, 2015 (03): 115.

切，终身学习已成为绝大多数公民的必由之路，图书馆的社会教育职能越来越突出。

第一，进行思想教育。图书馆是国家文化教育事业的重要组成部分，它的根本任务之一是为政府服务。图书馆要大力宣传政府的方针、政策、法令等，使广大人民群众自觉地维护国家和人民的利益，为建设美好的祖国而共同努力。在现阶段，我国图书馆的任务就是开展社会主义精神文明建设，宣传社会主义法制、社会道德和行为规范，提高广大群众的基本素质，为建立和谐社会做出贡献。

第二，传播科学文化知识。图书馆传播科学文化知识，有着三个层面的含义：一是为受教育水平较低的社会群体服务，为他们提供基本的科学文化知识，以提高他们参与社会竞争的能力；二是为虽然接受过良好教育，但为了适应科学技术的发展而继续学习的社会成员服务，以促使他们始终能跟上社会的进步与发展；三是为一些老年群体服务，为他们更新知识，使之适应社会。

（三）传递科学情报

一个国家要发展生产力，就必须加强科学研究和创新。而科学研究和创新具有明显的继承性、连续性。这就需要迅速地收集、掌握文献资料中的情报信息，以避免重复劳动。

现代科学技术迅速发展，记录科学技术的文献情报急剧增长，收集、整理需要花大量的时间和精力，科学家们自发地、分散地、孤立地收集科学技术情报资料，已远远不能满足客观需求，需要专门机构、专门人员从事科技情报的收集、加工、整理和传递工作，于是专门的情报机构应运而生。图书馆作为情报资料的重要收藏机构，传递科学情报成为其最重要的社会职能。

图书馆收集国内外各学科、各专业、各学派、各种深度的文献资料，不仅向社会提供科技信息，同时还要提供政治、经济、文化、教育各领域的情报信息，以满足社会对情报信息的广泛需求。

（四）开发智力资源

所谓智力，是人们认识客观事物并运用知识解决实际问题的能力，智力是一种资源，只有被人们开发和利用，才能发挥巨大的能量，为人类社会服务。图书馆开发智力资源的职能体现在以下几个方面：

第一，开发文献信息资源。图书馆收藏的图书文献蕴藏着知识、信息，是人类的智慧结晶，也是一种智力资源，采用现代化的技术手段，将文献资料中的情报信息充分揭示出来，为每一条信息找到使用者，同时为每一个需求者找到他所需要的信息，从而使图书馆的智力资源得到充分开发和利用,为社会创造新的物质财富和精神财富。

第二,开发人的智力资源。人的智力是一种潜在的资源,只有经过开发,才能最大限度地发挥作用,图书馆关于人的智力资源开发工作与图书馆社会教育密切相关。一是对读者进行学习方法和阅读能力的教育,培养读者的学习能力;二是对读者进行情报信息检索知识的教育,以提高读者利用图书馆的能力;三是读者利用图书馆丰富的文献资料,不断丰富自身的知识,更新原有的知识结构;四是开办各种培训班、讨论活动,开阔读者的视野,启发读者的思维等。

(五) 文化娱乐休闲

随着社会文明的进步和人类对生活质量的关注,人们对文化娱乐、休闲的需求越来越多。让广大社会民众走进图书馆,享受文化娱乐及休闲给人们带来的快乐,成为图书馆的另一社会职能,如图书馆可举办音乐茶座、音像放映等。真正地使图书馆成为人们生活中不可或缺的重要组成部分。

二、图书馆的一般属性

图书馆作为社会科学、文化、教育系统的一个组成部分,具有它所属系统的一些共性,这些共性就是图书馆的一般属性,或称"社会属性"。图书馆的一般属性主要有社会性、学术性、服务性和教育性等。

(一) 社会性

图书馆作为社会各界共同使用文献信息的一个组织机构,图书馆的文献信息本身具有广泛的社会性。

首先,因为图书馆的文献资料是人们征服自然、改造自然和人类社会实践的历史过程的记录,它集聚了古今中外人类创造积累的知识,是人类智慧的结晶。因此,它是人类共同创造的精神财富。

其次,图书馆读者具有社会性。由于图书馆是面向全社会开放并为所有的社会公众服务的,所以图书馆的读者具有广泛的社会性。

最后,图书馆网络化是图书馆具有社会性的表现。目前,随着计算机和网络技术的发展,国家数字图书馆的建立,资源共享已成为现实,图书馆的社会性得以充分体现。诸如编制联合目录、馆际互借等协作与协调活动等是其具体体现。

（二）教育性

图书馆的功能是通过文献资料传播科学文化知识，为读者提供终身教育，以促进社会和谐发展，所以它具有教育性。

图书馆是人们进行终身教育的场所，读者利用图书馆的文献资料不断提高自己的综合素质，以满足社会科学技术飞速发展的需求，图书馆的教育既是学校教育的补充，也是学校教育的继续。

图书馆的教育形式灵活多样，既可通过推荐文献资料、辅导读者阅读，也可以举办各种讨论会、学术报告会等，以激发读者的学习兴趣，满足读者对知识的各种需求。

图书馆的教育对象十分广泛，一切能够利用图书馆的社会各阶层人士都是它的教育对象，任何年龄、职业、种族、信仰、受教育程度的读者，都可以按照自己兴趣和需要，在浩如烟海的知识海洋中摄取自己所需要的科学文化知识。

（三）学术性

1. 图书馆的学术性表现

图书馆的学术性表现在：图书馆工作是科学研究的前期劳动和图书馆工作本身具有学术性两个方面。

由于图书馆尤其是大型图书馆，收集了大量的甚至是从古代到现代所有的图书和最先进的信息资源，所以图书馆成为教学、科研和技术创新的窗口，图书馆工作本身体现了较强的学术性，而且图书馆的各项工作，如图书的分类、编目、组织管理、文献检索等都具有一定的学术性。学术性功能，必然伴随着工作要求的提升，如对图书馆的文献资料、读者、各项工作的技术方法进行深入的研究，从而摸索出规律性，不断提高工作质量和效率，特别是现代化图书馆的建设，更需要研究新技术条件下图书馆的办馆理念、工作程序、技术方法等，以满足社会对图书馆文献信息服务工作的需求。

2. 图书馆工作是科学研究的基础

图书馆工作是科学研究的前期劳动，是构成科研能力的主要因素。科学研究是一种社会劳动，它具有明显的连续性和继承性，任何一个科研工作者在从事某项科研工作的时候，总是首先对所选的课题进行大量调研活动，了解它的研究历史、目前的研究水平及今后的发展，以此作为定题的依据和进行科学研究创造的参考，使科研工作在前人已取得的基础上进行，这种科研前的准备工作，就是以文献调研为主的调研活动。图书馆及情报部门完整、系统地保存了记录人类知识和智慧的文献资料,是文献调研活动的主要承担者。所以说,图书馆的工作是科研工作的一部分,图书馆的工作是科研工作的前期劳动,具有学术性。

(四)服务性

图书馆是通过文献资料的收集、整理、传播和利用,将一部分人的知识成果转移给另一部分人,在文献的传播和交流过程中表现出它的服务性,同时,图书馆作为信息服务产业的组成部分,其服务性更加明确。

图书馆收藏文献的目的在于用,图书馆存在的价值也在于用。因此,利用文献为用户服务是图书馆的根本职责和任务。图书馆的服务性从文献传递的过程中体现出来,它有公益性特征,免费为读者提供精神文化产品,服务的成果表现为社会效益,而非经济效益。

图书馆既然是一个服务性的行业,就要求图书馆的工作人员应该具备从事这项工作所必备的各种知识,它包括专业知识、科学文化知识、外语知识、计算机应用能力等,并且熟悉馆藏、了解读者,具有良好的职业道德和奉献精神,只有这样才能充分发挥图书馆在人类社会中的作用。

(五)中介性

图书馆的中介性是其本质属性,它对图书馆的存在起了决定性的作用。

图书馆是社会知识、信息、文化的记忆和扩散装置。而"记忆"和"扩散"的载体就是文献,文献存在于图书馆之中,图书馆就是文献传递的介质,文献借助图书馆在时空中得以传播。这一传递渠道被称为"文献交流的正式渠道";而文献的直接传递,则被称为"非正式渠道"。可见,图书馆在文献交流的过程中,的确是处于一个中介的地位。在人类的精神生产过程中,图书馆处在流通领域的地位,它在文献和读者之间架起了一个联系的桥梁,这是人类文明进步的产物。信息化社会的到来,以及电脑、网络技术在图书馆中的应用,使图书馆走上了电子化、数字化、虚拟化的发展道路,电子网络图书馆在信息的虚拟链接和信息的保存方面,承担起其他信息机构所无法承担的责任。这样,人类的交流就会更迅速、更准确、更方便。

图书馆的中介作用是通过图书馆工作体现出来的。图书馆工作的实质就是转换文献信息,实现文献的使用载体形态信息和表达人类思想和研究成果的内容信息,图书馆工作的任务就是充分揭示文献的形式信息和内容信息,从而使文献的内容信息得以传播。图书馆工作的各个环节,包括采购、分类、主题标引、编目、保存、借阅等都是为了实现传播文献内容信息的目的。因此，它们也都体现出了图书馆的中介作用。此外，在商品社会中，文献作为一种商品，其价值可以被分割为两部分：一是商品价值，由文献的生产和发行部门来实现；二是内容价值，通过文献信息的使用来实现，即这部分价值要随着文献信息的使用价值的实现而实现。图书馆用户阅读文献资源实现了文献内容价值的一部分，还必须通过实践才能实现文献的全部内容价值，其途径是创造出新的产品，由产品的价值和获得的资本价值来确证文献的价值，或者是创造出新的文献信息。图书馆的中介作用，主要体现在它能够实现文献的部分内容价值和使用价值，使用户能够通过图书馆获得所需要的文献信息，为文献信息价值的开发与转化提供渠道。

第四节 图书馆建设中的人本思想

图书馆建设随着时代的进步和发展，其内容呈现出越来越多样化、丰富化的特点，在服务方式和手段上也体现着现代化的发展。而图书馆和建设发展的重心始终是人，坚持以人为本的核心思想才是图书馆保持旺盛生命力的关键所在。

一、图书馆建设的人本思想表现

图书馆建设要体现以人为本的思想，图书馆的管理是为了给大众提供最为全面、细致的服务，图书馆建设的目的在于不断丰富图书馆的时代内涵，发挥其推动社会进步、提升社会精神文明建设水平的重要作用。

（一）图书馆建设所面向的服务对象是大众

图书馆是具有开放性和共享性特征的公共服务场所，尤其是社会性的图书馆建设，能够最大程度上为人民群众提供阅读资源和阅读空间。图书馆建设所面向的服务对象是最广大的人民群众，人们在图书馆的阅读空间中所能够享受到的服务是平等的，人们能够从图书馆中获得学习和查阅到自己所需要的信息内容。图书馆建设必须有准确的发展定位，明确自身的服务责任和服务意识。这就要求图书馆和服务人员能够最大程度上保持和大众的密切联系，通过大众的参与为图书馆建设提供最佳的发展思路。图书馆建设要能够始终以服务意识和服务态度去认真地对待每一个读者，只有图书馆建设真正地面向和服务于大众，图书馆建设才能够达到社会公共服务的建设标准，才能够为城市的建设和发展作出积极贡献。

(二)图书馆服务目的在于丰富大众的精神文化生活

图书馆的建设要实现以人为本,就必须对人的发展产生较为重要的影响,要能够凸显图书馆在大众生活中的地位和作用。图书馆建设,其服务的目的在于丰富大众的精神文化生活,通过倡导全民阅读,让大众能够认识到阅读的重要性。随着现代信息化发展水平的提升,人们对于互联网的依赖程度正在逐渐加深,移动客户端的使用让人们更享受快乐地阅读,低头族随处可见,全民阅读书本面临着极大的挑战。图书馆服务的目的在于唤醒大众的阅读意识,让大众的生活能够慢下来,能够给自己生活更多的空间去感受知识,感受阅读。图书馆服务和建设要自觉地承担起社会责任感,通过图书馆服务的完善,激发大众的阅读热情,让图书阅读成为大众生活中必不可少的部分,以图书阅读和图书馆活动丰富大众的精神文化生活。

(三)图书馆建设的方向始终围绕大众的实际需求

图书馆建设也要体现与时俱进的发展特点,城市发展在不断进步,作为城市建设的重要标志内容,图书馆建设也要实现突破和创新发展。大众的精神文化水平在不断提升,人们的思维方式更加活跃,视野更加开阔,那么对于图书馆建设而言,也要始终走在公共需求的前面,围绕大众对于图书馆的实际需求,创新图书馆建设的路径选择,挖掘图书馆建设的多种可能性,图书馆建设对于大众实际需求的了解,需要图书馆以主动性的服务意识去探索和发现。这就要求图书馆要实现和大众的广泛沟通,通过搭建读者和图书馆的交流沟通平台,为图书馆建设集思广益,带来更积极的发展建议,让图书馆建设更趋于完善。而图书馆建设以及在服务和需求的满足上要呈现以人为本的特点,针对不同的阅读群体,丰富我们的阅读资源,依据现代阅读方式的丰富,为大众提供最为丰富的阅读资源。在图书馆社会活动的创新实践中,图书馆要在活动的设计上保证新颖性、丰富性,能够体现图书馆的建设意义。

二、图书馆人性化和建设存在的主要问题

图书馆人性化和建设重在人的作用发挥,而最明显的问题表现在三个方面,具体如下:

(一)缺乏围绕读者服务变化的创新思路

图书馆与建设始终要围绕时代的变化发展,围绕人民群众的精神文化需求来进行,但

是目前的图书馆建设和发展，无论是在技术层面还是在水平层面都存在着一定的不足。随着信息技术水平的不断提升，信息技术的应用已经遍布于多个领域，低头族现象已经成为一个普遍的社会问题，快速便捷的阅读方式应该给图书馆一定的启发和思考，图书馆建设也要能够适应大众的阅读选择和需求，能够通过加强技术水平的应用，创新图书阅读的方式，让图书馆阅读散发更大的吸引力，让低头族回归到阅读分享的生活中。但是目前图书馆阅读缺乏现代性的技术应用，而且图书馆没有让大众接触到最新阅读方式的体验，自然就失去了与大众之间的吸引力。而在管理层面，图书馆的工作者每天重复着收书、整理图书、修复图书等工作内容，对于工作的积极性不高，缺乏对于服务创新的思考，这也会导致图书馆建设和发展的缓慢。

图书馆的建设创新思路需要图书馆的管理者突破思维的局限性，不止步于目前的发展状况。图书馆的管理者必须要认识到图书馆不仅仅是图书的阅读场所，更是文化传播与文化交流的重要场所，是为普通大众提供服务的场所。转变图书馆建设的思路才是当下图书馆寻求新发展的最有效方法。

（二）面向读者需求的服务定位不准确

图书馆的建设在服务定位上存在着不明确的问题，主要体现在人们认为日常的图书借阅是图书馆的主要服务工作，服务所面向的对象和群体就是图书馆内部的这些读者，被动地提供图书馆的服务内容。同时，在图书馆的建设过程中，图书馆对于自身功能的完善认知性不足，没有对于图书馆各个功能模块建设进行准确的规划，缺乏对于国内外成功图书馆与建设成功经验的学习过程。图书馆建设的服务定位是图书馆寻求突破和发展的方向标，是基本的要求，图书馆建设必须要体现自己的特色，能够有吸引大众的特点。而这种特色的服务定位需要依据各个地区的实际情况去安排，图书馆的建设不仅仅局限于馆内建设，也要能够融入社会氛围中去，从日常的工作扩展延伸到社会文化活动的组织中，提升图书馆与建设的社会影响力。

（三）针对读者满意度提升的大众参与程度不足

图书馆建设是为了满足大众精神文化需求，图书馆所提供的服务内容和服务方式都是面向大众，因此大众有必要参与到图书馆的建设和实际工作中，通过图书馆和所有读者共同的努力，为图书馆建设带来推动性力量。但是目前的实际情况是，图书馆建设主要还是依靠图书馆的工作人员，在管理建设的思维上有一定的局限性，由于缺乏和读者的沟通，图书馆建设很有可能存在方向性偏差。图书馆所提供的服务内容和服务方式有可能并不是读者们所需要的，无法最大程度满足读者的需求。图书馆承担着提升社会精神文化建设水平的重要职责，需要调动起广大群众参与到图书阅读活动中的积极性，图书馆的发展和大众精神文化水平的提升是相互作用的。为此，图书馆建设必须要从提升大众参与程度着手。

三、图书馆人性化和建设的有效建议

图书馆人性化和建设要从三个方面着手：一要技术人性化，二要服务人性化，三要价值内涵人性化。

（一）技术人性化

图书馆建设要重视对现代信息技术的使用，图书馆硬件和软件设施都要不断完善和丰富。首先是硬件设施上，图书馆除了要具备自助化的服务设备，还要具备文献查阅的多媒体功能室，通过实际的图书检索和网络信息检索为人们提供最便捷的信息查找方式，这是最基础的功能。

另外，图书馆要能够挖掘技术的人性化体验功能，例如在图书馆内设置视频观看、视频音频录制功能区，让人们可以接触到3D、4D、VR等新技术，增设技术体验区，对于最新的电子设备进行操作体验，配备专业的人员进行讲解，拉近图书馆与读者之间的距离。在软件设置的建设上，图书馆建设要重视对资源共享程度的提升，例如省、市图书馆要实现和高校图书馆、书店之间的合作，在图书馆传递上保持彼此的通畅，比如图书的借阅可以一馆借阅，多馆送还，方便读者。高校图书馆的资源库较为丰富，省、市、区的公共图书馆要实现和高校的配合，重视对数据库资源的共享。

（二）服务的人性化

图书馆建设要配备专业人才队伍，图书馆服务的质量水平是通过服务人员来体现的。图书馆建设服务的人性化，主要体现为图书馆工作人员和读者之间的沟通和交流，图书馆的工作人员要能够保证让读者能够真正融入图书馆的环境中，为读者提供最全面的专业服务。

对于图书馆各个功能呈现都要有较为细致的讲解和引导，让读者感受到图书馆对于自身生活所带来的积极作用，对于自身需求的充分满足。图书馆服务的人性化要注重对读者满意程度的调查，通过问卷、访谈等方式对读者建议进行收集，对于图书馆和建设存在不足的地方进行改进，对于欠缺的地方要及时补充和完善。服务要体现创新性和主动性，图

书馆的工作人员必须要立足于读者需求，善于发现读者的需求，不断完善和丰富图书馆建设的内容和服务，打造属于地区或区域特色的图书馆。

（三）价值内涵的人性化

图书馆建设始终要服务人民群众，要能够凸显其时代价值。图书馆建设要重视对大众精神文化的熏陶，倡导和推广全民阅读参与。为此，图书馆可以通过开展丰富多彩的活动来实现，例如开展好书推荐、图书馆漂流、公益讲座、百姓论坛等活动，让读者能够参与其中，融入图书馆精神文化建设的积极氛围，在互动和交流中促进良好人际关系的形成。读者是图书馆的服务主体，图书馆也可以增加图书馆的公益性岗位，对于志愿服务人员图书馆可以给予一定的支持，让读者能够感受到读书和服务的乐趣。图书馆建设要发挥其社会价值，要走向社会，将图书馆这种氛围带入到学校、家庭等社会氛围中，以图书馆的名义组织各种社会服务性的实践活动，从意识到行动上充分提升大众的文化认知，提升大众阅读、学习的积极性，丰富大众的精神文化生活。

总而言之，图书馆建设的人本思想体现，必须要发挥图书馆专业人才队伍的积极性和主动性，通过保持和读者密切的沟通交流，保持和社会的紧密联系，为读者的需求服务，为社会的进步服务，以图书馆的建设能力提升为社会精神文化带来积极的推动性力量。

第二章　图书馆建设与发展的多元化

第一节　移动图书馆建设与发展

移动图书馆，起源于流动图书馆、汽车图书馆，最初是以"流动书车"的形式，临时为偏远地区和不能享受到馆服务的群体提供图书借阅服务，一定程度上缓解了贫困地区图书馆覆盖率低、资金不足等问题，达到图书馆资源知识传递与共享的目的。在后来的研究中，传统的移动图书馆又被赋予新的含义，人们将其定义为"手机图书馆"或者"口袋图书馆"，即依托无线网络、移动通信、互联网等一系列技术，帮助用户通过手持移动设备（智能手机、平板、电子阅读器等），获取不受时空限制的图书馆信息资源，享受移动图书馆平台提供的馆藏 OPAC、数据库导航、个性化定制等服务。

一、移动图书馆建设的现状分析

当前，我国大多数图书馆都开展了移动图书馆服务，其服务模式主要以短信、WAP 网站方式为主，部分图书馆还开发了移动终端的 App 程序。另外，基于第三方平台的移动图书馆也开始出现，随着微信的普及，在微信平台上构建的移动图书馆服务系统已经陆续上线。但是，移动图书馆依然存在不少问题。

首先，大多数移动图书馆没有充分发挥移动互联网独特的优势，如可定位性、可识别性来打造创新型应用，一般只是将数字图书馆的部分功能直接搬到了移动终端上。只有少数馆开展了 LBS（基于位置的服务），不过仅限于图书馆地理位置定位和导引，移动支付则基本没有涉及。

其次，主流的移动图书馆服务模式，包括短信、WAP 网站，界面呆板、功能不足、用户体验较差，均存在较为明显的短板，如短信的交互性和费用问题，网站的推送服务问题。而新兴的 App 应用，虽然界面精致，功能强大，但开发成本、维护成本很高，非一般图书馆可以承受，特别是需要用户主动下载、安装、更新。

最后，对移动图书馆的宣传推广不够，大体局限于馆舍内部和本馆的网站、微博、微信，覆盖面狭窄，基本无法影响到非经常使用图书馆的群体，导致普及率、使用率偏低。缺少品牌意识，往往图书馆内部不同部门拥有自己的微博、微信账号，各自为政，使得用户更加分散，不利于聚集人气，树立统一的移动图书馆品牌。

二、移动图书馆建设的发展策略

（一）积极提升图书馆馆员综合素质

作为建设移动图书馆最重要的资源，图书馆馆员综合素质的优劣会对移动图书馆服务读者的效果产生直接影响。为提高移动图书馆的综合服务质量，必须将提高图书馆馆员综合素质放到首要位置来抓。在引进人才时应引进具有专业图书馆学科背景的人才。同时，不断加强对现有图书馆馆员的计算机知识、互联网知识及图书馆业务能力的培训。

（二）加大对移动图书馆的宣传

一种新型的图书馆服务方式。作为一种新生的事物，许多读者或用户对于移动图书馆所知甚少，为了不断推广移动图书馆服务模式，使更多的用户了解它、使用它，图书馆应加强对移动图书馆的宣传。移动图书馆可以通过传统的馆内宣传、互联网技术或各类媒体宣传的形式，将相关信息呈现在广大用户眼前。传统的图书馆馆内宣传，指利用图书馆现有的橱窗、宣传板、大屏幕等，将移动图书馆的相关信息展示在上面，供读者观看。互联网宣传指利用贴吧、QQ 群、微信平台、微博等形式宣传移动图书馆的相关信息。同时，也可以通过报纸、知识手册、新闻媒体等方式吸引用户关注移动图书馆。

（三）注重用户体验

用户体验指用户在使用产品或享受服务的过程中，对该商品产生的感性体验和理性价值。移动图书馆作为服务用户与读者的一项产品，必须重视用户体验。图书馆应从用户的角度出发，考虑移动图书馆在为用户提供服务时的感受与经历，不断提升用户体验质量。用户体验感受会决定是否继续关注、使用该移动图书馆服务。因此，图书馆应通过各种渠道加强与用户的沟通，在不断满足用户个性化需求的同时也会提升自身的服务质量。用户体验反馈对于促进移动图书馆服务质量的提升具有重要价值，同时提升移动图书馆服务质量也是图书馆的奋斗目标，有助于提升用户体验效果。因此，用户的个性化需求与移动图书馆的服务质量两者相互促进，不可分割。

（四）不断创新移动终端技术

互联网技术的发展及移动互联技术的广泛应用与普及，要求图书馆必须创新移动互联网终端技术来满足用户的体验与要求。为发展图书馆的移动互联网终端业务，适应移动图书馆发展的要求，图书馆必须创新地开展移动终端技术，开发移动终端服务模式，必要时可以通过和社会互联网企业合作，攻关重点、难点技术问题，同时也可以购买具有实用性、前沿性的新技术。

三、移动图书馆的发展趋势

（一）移动图书馆的资源服务趋向个性化发展

由于大多数用户都是通过智能手机或平板电脑等手持设备，来作为获取移动图书馆资源的信息获取媒介，且多数都是单人单机使用，因此这无疑让我们更加了解每个用户的资源阅读习惯以及信息需求方向，有利于我们能够更加精准、细致且个性化地为其提供定制的移动图书馆资源服务。因此，未来移动图书馆资源服务发展方向，将是朝着以用户搜索习惯以及阅读习惯为基础，为其提供个性化、定制化的服务模式。

（二）移动图书馆管理方面的革新

因为移动图书馆的不断发展势必会给图书馆带来更多的用户，而对于用户的信息行为调整、用户信息的环境变化等因素，相继会给图书馆资源方面的管理带来相应的变化。[①]因此，移动图书馆的发展也必然面临管理方面体制的革新。例如，对于移动阅读资源方面的数据存储需要云技术来支持，那么在管理方面就得从基础设施层面着手，来减少网络相关的信息管理和资源服务的成本，另一方面加强图书馆人员的业务素质培养，提高图书馆的管理以及移动图书馆的服务质量也是管理革新的重点。

（三）整合移动图书馆资源进行技术革新

对于我国移动图书馆建设中的现状进行分析可知，目前主要存在用户端下载方式的局限性以及资源类型的不完善性，缺乏移动图书馆深层次方面的服务等问题，和发达国家相比，其服务的水平相对较低，还有很大的上升空间，而针对上述建设中存在的问题，我们

---

① 张越. 移动图书馆建设的问题与发展趋势 [J]. 中国管理信息化，2016，19（17）：198.

认为，在未来我国移动图书馆的发展，将集中于资源服务个性化、资源技术整合、管理体制革新三个方面的完善，力求将我国的移动图书馆建设成个性化、具有丰富内容和特色的高用户体验度的阅读资源媒介。

总而言之，国内移动图书馆的发展研究方兴未艾，我国学术研究者更应该致力于移动图书馆的服务质量，解决用户所遇到的障碍，更大程度上提高用户满意度，加大力度研究如何提高移动图书馆的服务质量，需要更多地从用户的角度研究移动图书馆的发展方式，体会用户的需求，更为细致地了解用户的心态，从而为用户提供满意的移动图书馆服务，更大限度地解决用户在接收移动图书所遇到的障碍，及移动图书馆发展中的不足，改善其发展长期停滞不前、落后于国外的现象。

第二节 数字图书馆建设与发展

一、数字图书馆的定义及其构成

（一）数字图书馆的定义

"数字图书馆"（Digital Library，简称 DL）中 "Library" 这个词，在英文中有两个解释：一是 "图书馆"；二是 "库"。"Digital Library" 的英文本意更强调的是 "库"，而不是 "图书馆"。现在关于 "数字图书馆" 的概念，很容易产生认识上的误区：认为数字图书馆就是将现有的图书馆数字化，这恐怕有点 "望文生义"，失于简单、片面。"Digital Library" 是一个内涵很丰富的概念，其 "解" 并不唯一，数字信息馆、数字信息库、数字图书馆等都是 DL 的可能解释。

计算机技术、通信技术、网络技术、多媒体技术等新技术的飞速发展，对当代图书馆的各个方面都产生了极大影响。其中关于数字图书馆的理论与实践研究是其中最热点的问题之一。1993 年，在德国的埃森（Essen）召开了首届国际电子图书馆会议，1994 年，在美国得克萨斯又召开了国际数字图书馆会议。美国计算机协会（ACM）和美国信息科学学会（ASIS）及其他一些著名学会、协会的会刊，都出版了与数字图书馆有关的专辑。

1996 年 3 月，美国计算机协会信息检索专业组（ACM SIGIR）、美国电气与电子工程师学会（IEEE）、美国信息科学学会（ASIS）等几大学术组织，在 Bethesda 召开了规模很大的首届 ACM 数字图书馆国际会议。

数字图书馆是用数字技术处理和存储各种图文并茂文献的信息库，实质上是一种多媒体制作的分布式信息系统。它把各种不同载体、不同地理位置的信息资源用数字技术存贮，以便于跨越区域、面向对象的网络查询和传播。它涉及信息资源加工、存储、检索、传输和利用的全过程。从数字图书馆角度来看，就是收集或创建数字化馆藏，把各种文献替换成计算机能识别的二进制系列图像，在安全保护、访问许可和记账服务等完善的权限处理之下，经授权的信息利用因特网的发布技术，实现全球共享。数字图书馆的建立将使人们在任何时间和地点，通过网络获取所需的信息变为现实，大大地促进资源的共享与利用。

数字图书馆是一门全新的科学技术，也是一项全新的社会事业。简言之，数字图书馆是一种拥有多种媒体内容的数字化信息资源，能够为用户提供方便、快捷、高水平的信息化服务机制。

数字图书馆不是图书馆实体；它对应于各种公共信息管理与传播的现实社会活动，表现为一种新型信息资源组织和信息传播服务。它借鉴图书馆的资源组织模式、借助计算机网络通信等高新技术，以普遍存取人类知识为目标，创造性地运用知识分类和精准检索手段，有效地进行信息整序，使人们获取信息消费不受空间限制，很大程度上也不受时间的限制。

（二）构成数字图书馆的要素

1. 数字化资源

大量的数字化资源是数字图书馆的"物质"基础。对于传统图书馆来说，是否能发挥其资源优势关键在于数字化工作，而数字化面临的第一个问题，就是做什么和怎么做。

"做什么"是一个领导决策的问题，需考虑馆藏特色、社会要求以至于市场需求等。

"怎么做"是一个技术问题，需要在一套较为完整的数字图书馆规划方案指导下，建立类似于目前图书馆运作的"采编流"机制，依照规范标准进行数字化，使数字图书馆这种馆中馆的运作正常化，形成一套人马、两个馆的格局。数字图书馆对数字化资源并无偏好，虽然它的目的是直接提供读者所需的最终信息，而不只是二次文献（获得文献的线索），然而二次文献也可能是某些读者的最终信息需求，因而书目数据、索引文摘等也是数字图书馆的组成部分。万千世界统一于数字图书馆中的 0 和 1，书籍、期刊、录音录像带乃至古籍善本、稀世字画甚至 X 光片，都消失了原本的物理形态，只要有相同的属性，就能被同时获取。

2. 网络化存取

高速的数字通信网络是数字图书馆的存在基础，数字图书馆依附于网络而存在，其对内的业务组织和对外的服务都是以网络为载体，得益于网络也受制于网络，只有利用网络至极限，才能发挥数字图书馆作用至极限。数字图书馆内部本身由局域网构成，一般是高速主干连接数台服务器及工作站，外部通过数台广域网服务器面向浩瀚的互联网。

3. 分布式管理

分布式管理是数字图书馆发展的高级阶段，它意味着全球数字图书馆遵循统一的访问协议之后，数字图书馆可以实现"联邦检索"，全球数字图书馆将像现在的互联网连接网站一样，把全球的数字化资源联为一体，连接成为一个巨大的图书馆。分布式管理之所以是数字图书馆的基本要素，在于它强调标准协议的重要性，只有全球共同遵循 TCP/IP 协议，才有互联网的今天，数字图书馆技术还没有这样一个公认的标准协议，因此技术标准的选择和参与制订，对每一个数字图书馆先驱者来说都是至关重要的。

4. 规范的软件系统

一整套符合标准规范的数字图书馆赖以运作的软件系统，主要分信息的获取与创建、存储与管理、访问与查询、动态发布以及权限管理五大模块，类似于图书馆集成管理系统对于传统图书馆所起的作用：数字图书馆的维护管理和用户服务。

（三）数字图书馆的显著特点

数字图书馆是在科技知识呈几何级数增长的学习化社会背景下发展起来的。数字图书馆的服务内容和结构多元化形成的"即时生产"型的服务体系，使人们可以根据工作、生活、休闲等需要，在可能的场合随时随地自主进行学习，随时获取知识、提高能力；读者成了图书馆服务过程中的认知主体，图书馆员与读者在时空上处于准分离状态，读者的学习可以是灵活、多样、开放的，这些都构成了数字图书馆以下的显著特点：

1. 具备高效的计算机管理

数字图书馆利用计算机管理数字化信息资源，并且对全部业务工作实行计算机管理。

第一，信息储存空间小，不易损坏。数字图书馆是把信息以数字化形式加以储存，一般储存在电脑光盘或硬盘里，与过去的纸质资料相比占地很小。而且，以往图书馆管理中的一大难题就是，资料多次查阅后就会磨损，一些原始的比较珍贵的资料，一般读者很难看到。数字图书馆就避免了这一问题。

第二，信息查阅检索方便。数字图书馆都配备有电脑查阅系统，读者通过检索一些关键词，就可以获取大量的相关信息。而以往图书资料的查阅，都需要经过检索、找书库、按检索号寻找图书等多道工序，烦琐而不便。

第三，远程迅速传递信息。图书馆的建设是有限的。传统型图书馆位置固定，读者往往要花费大量的时间在去图书馆的路上。数字图书馆则可以利用互联网迅速传递信息，读者只要登录网站，轻点鼠标，即使和图书馆所在地相隔千山万水，也可以在几秒钟内看到自己想要查阅的信息，这种便捷是以往图书馆所不能比拟的。

第四，同一信息可多人同时使用。众所周知，传统图书馆中一本书一次只可以借给一个人使用。数字图书馆则可以突破这一限制，一本"书"通过服务器可以同时借给多个人查阅，大大提高了信息的使用效率。

2. 以数字化信息资源为基础

数字图书馆采用先进的数字化信息存储处理技术，利用光盘存储技术、超文本、超媒体技术等，对信息资源建立分布式的大型文献信息库及超文本检索系统。

数字图书馆利用现代信息技术，对各类传统介质的文献进行压缩处理并转化为数字信息，以"0"和"1"来组成信息资源的细胞。现代图书馆数字化信息资源的来源：一方面是传统馆藏资源的数字化，一方面来源于电子出版物和网络上的信息资源，同时还有自行开发的各种各样的专题资源库。中国数字图书馆工程开发的数字化信息资源，包括中华民俗、百年敦煌、中国书史、宇宙探秘、海洋百科、千家诗、科普知识、法律法规等。

信息资源数字化是数字图书馆的基础，因为数字图书馆的其他特点都是建立在信息资源数字化基础上的，这也是数字图书馆与传统图书馆最大的区别。因为数字图书馆的本质特征就是利用现代信息技术和网络通信技术，将各类传统介质的文献进行压缩处理并转化为数字信息，以"0"和"1"来组成信息资源的细胞，并组成无数个比特（bit）和字节（byte）的信息元素和单元。数字是信息的载体，信息依附于数字而存在。

3. 以网络化传递为手段

数字图书馆通过各种电子通信手段，特别是因特网等网络，连接数字图书馆和网上信息中心等，提供各种分散的地区、国家和国际上的信息数据库的联网查询服务。

数字图书馆跨越了时间和空间的限制，使用户通过国际互联网，在任何时间，从任何地点都可以进入数字图书馆，获取符合自己需求的信息内容。数字图书馆具有信息传播与发布功能。

与传统的图书馆不同，数字图书馆已经并将实现由文献的提供向知识提供的转变。数字图书馆将图书、期刊、照片、声像资料、数据库、网页、多媒体资料等各类信息载体与信息来源，在知识单元的基础上有机地组织并链接起来，以动态分布式的方式为用户提供服务；而自动标引、元数据、内容检索、不同数据库的互联等知识发现与组织的技术，将成为数字图书馆发展的技术关键。数字图书馆信息提供的知识化，将会为广大读者用户提供"知识水库""学术银行""数据仓库"。由于信息加工组织的知识化、智能化和完备的信息检索系统的建立，使数字图书馆能够为读者用户一次性地提供所需要某一主题的目录、论文，和著作的全文、图片、图像、声音等各种知识信息。总之，数字图书馆信息提供的知识化，使信息加工趋向智能化，为读者用户创造了一个良好的有利于产生和发现新知识的信息环境。

二、数字图书馆建设的组织模式

组织模式是图书馆在新的信息环境和技术环境条件下，对图书馆发展要素的重新整合所形成的较为稳定的结构形式。决定和影响图书馆组织发展模式的因素很多，如社会的进步、技术、资金、文化心态和机构与制度的变迁等。可以说，计算机网络化引导人们重新审查传统认识论和方法论的诸多概念等，我们需以创新的思维方式、新的工作方式与新的组织机构，使信息技术的应用和图书馆建设相互协调、共同发展。

数字图书馆建设的组织模式一般可以从三个方面去理解：一是它的组成要素。如图书馆应该有数字化资源、网络化存取和分布式管理等基本要素。二是它的技术层面，主要应包括用户接口、预处理系统（或称"调度系统"）、查询系统和对象库等基本构件。三是它的社会组织形式。从社会的角度来看，作为社会整体性的图书馆组织模式和作为个体的图书馆以及各自的组织结构存在相互关系。本节试从社会的角度对整体性图书馆的组织模式建设进行探讨。

（一）整体性数字图书馆组织模式的构建

作为整体性的数字图书馆是一种基于网络环境下的数字化文献共建共享的社会图书馆系统，一个面向对象的分布式的网状结构模式。图书馆事业作为一个完整体系，各个图书馆系统都要发挥其功能和作用，实现各系统内部和系统之间的均衡发展和资源共享，构建一个"共知、共建、共享"网络化的图书馆服务体系。

从社会组织形式的表面来看，数字图书馆的整体性是由一个个相对独立的狭义数字图书馆实体组成的；然而从整体的专业分工组织形式来分析，数字图书馆这个大的信息系统实际是由文献共建协调子系统、文献共享协调子系统、联机编目子系统、联机检索子系统和数字化资源维护子系统等组成。所以，在研究广义的图书馆组织结构模式时，应抛开地域、行业系统的传统概念，根据专业化的原则来设立管理机构，凸显专业化管理的作用。就是说，各个专业子系统要分别建立自己的管理机构来进行协调管理，但层次不宜多。全国设立一个权威的、统一的、综合性的管理机构，来协调各专业管理机构，并有效地管理全国或区域范围数字图书馆的建设和运作。并且，应有政府有关职能部门参加。地方性的专业性组织既要接受全国性专业机构的指导、协调、管理，同时还要接受地方管理机构的指导、协调、管理。因此地方性的专业性组织是具体的操作机构，这样就充分凸显了专业化管理的作用。

　　社会网络化使各级各类图书馆成为一个资源的共同体。跨地域的数字化文献、虚拟图书馆，是图书馆组织模式管理和服务的主流，是21世纪人类文化的普遍组织形式。多年来，图书馆界一直期待全社会文献资源的共建共享，然而由于观念、体制、手段、习惯等众多因素的影响，图书馆之间的种种合作都是一种松散的、不协调的、效率不高和缺乏真正意义上的共享运作。构建一个宏观上的整体性数字图书馆可以说是最重要的。

　　整体性主要体现在两个方面：

　　一是政府的扶持。在资源共享体系建设中，政府的作用很重要。首先，政府要资助启动数字图书馆的工作，确立数字图书馆社会文化设施的地位；其次，政府要责无旁贷地承担有关规范和标准的制定工作，监督规范和标准的执行；最后，政府要提供一定的试验环境。图书馆最大的优势是其拥有丰富的信息资源，进入信息时代，政府把数字图书馆建设作为国家信息基础设施建设的重要组成部分纳入规划。

　　二是突破关键技术。数字图书馆核心技术已经有了三次大的进步：计算机文字处理和桌面排版软件、扫描技术和光存储介质、全息数字化技术。应用先进数字化技术的数字图书馆建设是一个跨学科的综合研究课题，涉及近30个学科和分支，包括计算机科学、图书馆和信息科学、教育、生物信息、电子工程、新闻和传播、心理学、医学信息、环境科学、语言学、机器人等，所以，数字图书馆工程的开发与实施必须有整体的规划，统一布控。如数字化系统建设的10大支撑技术：数据采集与导入、自动分类、数据管理、全文检索、元数据检索、信息发布、版权保护、信息定制与推送、对象资源调度、网络与系统管理支撑技术等都要加以重视和逐步解决。问题的关键是，所有这些问题都不是图书馆界，更不是哪一个馆自身能够解决的，唯有社会各界共同参与、协同作战，方可逐步实现这一整体性的复杂工程。例如，美国在数字图书馆启动一期工程中，就特别强调研究者、开发商和用户之间的协作伙伴关系，并将这种关系视为项目成败的关键。

（二）数字图书馆组织模式的主要特征

1. 权威性

第一，数字图书馆是一个庞大的系统工程，必须有一个权威的国家级组织进行统一领导、协调解决这些问题。

第二，可以协调国内较大的图书馆，根据各馆的特色按类分工协作，共同完成对传统图书馆馆藏资料的数字化，避免重复建设。

第三，便于数字图书馆间的协调。不是每个图书馆都要对各自现有的馆藏数字化，也不是每个图书馆都要拥有数字化资料，对于一些中小型馆，不可能也没有必要拥有所有数字化资料，应该能够对较大图书馆数字化资源的检索和利用。只要各个图书馆之间相互连接并可相互拥有使用权，任何读者都可自由访问任何数字图书馆，得到任何自己想要得到的数字化资料，实现资源共享。

第四，边建设边服务，"一家输入、大家使用"，逐步实现数据整合，系统整合，服务整合。

第五，随着信息技术的进步，在信息方面会遇到各种各样的新问题，例如关于联合购买数据库以及使用权的问题、关于信息资源共享中的版权问题等。有了统一的领导，全国所有数字图书馆成为一个整体，由数字化信息制作中心统一解决各种版权问题就非常容易了。

第六，有利于制定、采用统一的数据格式和通用的标准及协议，便于数据的交换和相互访问。

2. 专业性

数字图书馆是一个环境，不是一个单一的实体。它的影响是多方面的，涉及许多图书馆和信息机构，是跨地区、跨行业、跨部门的管理，规模宏大、内容丰富、技术含量高等。成立一个技术专业性强的管理机构（称：专家咨询委员会或专家顾问委员会等），来负责互通信息，必要时给予指导和处理各种技术问题。这些专业管理机构应该由专家担任，并起主要的、经常性的作用，保证数字图书馆建设正常运作和科学、健康有序地进行。

3. 效用性

（1）信息资源数字化。图书馆资源共享的本质特征就是利用现代信息技术和网络通信技术，将各类传统介质的文献进行压缩处理并转化为数字信息。

（2）信息传递网络化。共享资源实现信息传递的网络化，达到了跨时空的信息服务、开放型的信息利用以及信息传递的标准化和规范化。

（3）资源利用共享化。共享化特点体现出了跨地域、跨行业的资源无限与服务无限的特征，体现出了跨地域、跨国界的资源共建协作化与资源共享便捷性。

（4）信息提供的知识化。图书、期刊、照片、声像资料、数据库、网页、多媒体资料等各类信息载体与信息来源，在知识单元的基础上有机地组织并链接起来，以动态分布式的方式为用户提供服务；由信息提供的多次满足转变为信息提供的一次满足。

（5）信息实体虚拟化。随着数字图书馆的发展，实体图书馆中的虚拟馆藏、虚拟阅览室、虚拟参考馆员、虚拟服务将会不断得到发展。

（6）技术开放。数字图书馆涉及对于所整理的文化的解释，并依赖资源拥有单位的工作人员进行，技术是开放和平等合作的。

以上，都必须确保信息安全。

4. 文化多样性

数字图书馆是新的文化交流手段，是人类共同的事业。保护各民族人民对自己文化的认同，促进人类共同繁荣进步具有根本意义的文化多样性的保存与发展，实现全球性的文化交流与融合，不同的民族、文化、文明具有同等权利和义务参与其中。而且，应用数字技术整理各民族文化遗产，使之成为可持续发展的新战略资源，已经成为世界各国人民、企业界、知识界、政府和非政府组织的共识。

目前，在国家教委建设的高等教育文献信息保障体系（CALIS）的拉动下，促进了高校图书馆从传统向现代化的转变，改变了现有高校图书馆的发展模式，并在整体化、网络化建设方面取得了长足的进展。特别是那些重点建设的高校图书馆，无论是在文献资源的总量上，还是新的信息技术的应用上，以及满足读者需求的水平上，都有很大的提高，对教学和科研发挥了显著的效益。CALIS 的总体目标是通过建立文献信息资源子网、以全国性和地区性文献信息中心为节点，连接进入"211工程"的所有学校，建设联合目录数据库为基础，以联机合作编目、书目资源公共查询和馆际互借三大服务子系统为主要目的，通过自建和引进一批数据库，实现对高校现有馆藏资源的开发利用，补充重点学科外文文献资源的不足，开发利用网络虚拟资源，从而从整体上提高高校系统的文献保障水平。并且与国外文献信息系统广泛联网，形成中国高校教学与科研的文献保障体系。经多年的实施和实践，四个国家中心和四个地区中心已经相继建成并投入使用。8个中心的联合书目数据库，通过"增量复制"技术（互为"镜像"），使8个联合书目数据库中的书目记录保持准同步，用户进入8个中心中的任何一个，都能查到相同的信息。它的建成将基本形成中国学术图书馆网络的主干。CALIS是一个以高校图书馆为主要成员的"图书馆联盟"。其本身建设就是一项大的变革和创新，真正地突破了过去高校图书馆各自发展、自我保障的局面，在观念、体制、方法上把资源共享落到了实处。

CALS系统整体性强，目标明确，各级节点任务清楚，资源布局合理。因此，高校其他系统应充分利用这一资源优势，根据图书馆自身文献信息服务系统的框架格局，寻找本系统与它的最佳结合点。

三、数字图书馆建设机制

所谓数字图书馆建设机制是指数字图书馆建设过程中的诸要素，在特定组合方式下相互影响、相互作用而产生的特定功能，需要从数字资源建设机制、数字图书馆服务导向机制、数字图书馆运行机制等方面，来综合考量数字图书馆建设机制。

（一）数字资源建设机制

数字图书馆的资源建设是数字图书馆建设的核心，应遵循丰富总量、合理布局、优化结构、共建共享的原则，逐步建立起一个结构科学、内容全面、层次分明、布局合理、可持续发展的数字资源保障体系。从内容上看，数字图书馆资源建设机制包括数字资源的发展政策、保存机制、评价体系等方面。

1. 数字资源发展政策

数字资源发展政策应该根据图书馆的性质、目的、任务及所服务的读者对象来制定。不同类型图书馆的具体政策虽然不尽相同，但包含的大致内容则是基本一致的。发展政策是一个开放的体系，其内容随着时代发展而不断丰富、更新和补充。数字资源发展政策要科学合理和切实可行，一般要包括两部分内容：一是制定政策的现实基础和客观依据，包括对用户需求、馆藏现状、图书馆的任务和发展目标的分析和评价；二是各项具体政策，包括数字馆藏发展纲要、数字馆藏采访政策、经费分配政策、数字馆藏管理政策、数字馆藏保藏政策、评价政策、合作馆藏和共建共享政策等内容。由于图书馆的类型、地域、服务对象以及技术状况各不相同，各馆的数字资源采访政策要依据各馆的总体目标来制定数字馆藏的比例结构、发展速度与数量的科学方案。

2. 数字资源保存机制

数字资源保存是对数字资源进行摄入、保存、管理、在一定条件下提供服务或转移保存的活动，包括以下三个方面：

（1）建立国家保存体系。为了保证数字资源长期保存的可靠性，有必要建立国家保存体系，制定保存相关的技术规范体系，制定认证与评估机制。国外在这方面已有成功先例，早在1996年澳大利亚国家图书馆就制定了《澳大利亚电子出版物的国家策略》。2000年12月，美国国会通过了PL106—554号立法决议，启动"国家数字信息基础设施和保存计划"（NDIIPP）。NDIIPP赋予了国会图书馆一项新的职责，就是领导全国性的数字信息长期保存活动，国会图书馆着手制定了全国性的数字信息长期保存行动计划。

（2）建立信息分散保存共同体机制，即建立数字图书馆资源共享的利益机制和注重用户需求的市场机制。这一保存机制将整个保存体系分为国家级保存机构和地方级保存机构，其组成成员既可是数字图书馆系统，也可是其他社会机构。国家级保存机构从国家战略层面上来保障信息资源的共享与利用，具有文化保存的战略功能以及教育科研功能。国家级保存机构应当保持最全面的数字馆藏，同时对各机构个体的保存行为进行协调控制，避免不必要的重复保存。各成员机构或地方级机构可根据自己的特色需求保存部分特色资源，并向国家级保存机构提供数据备份，以降低保存风险。

（3）选择合适的技术方案。数据资源的存储管理，由于受到来自技术与经济实力两方面的影响，在管理模式与技术方案的选择上，必须考虑数据资源的高容量、高增长量、高安全性等特点，以及存储技术的进步因素，并结合数字图书馆建设经费情况来综合考虑，选择一个具有较强的可适应性、可扩展性、性价比较高的、在未来一段时间内能满足数字化图书馆数据存储需要的存储方案。关于数字资源的长期保存，有必要从法律和国家战略的角度上来思考。对此，必须通过具有法律效力的长期保存协议，来确定资源提供方和保存方的权利与义务，以及相应的执行流程、管理措施和纠纷解决机制。同时也应建立国家数字资源长期保存战略机制，建立不同层次的合作机制，选择性地进行数字资源保存，争取充足的数字资源保存资金，建立数字信息归档系统。

3. 数字馆藏评价体系

数字资源改变了学术信息传播方式，对传统图书馆的服务方式和理念带来巨大的冲击和挑战。面对数字资源的迅猛发展，图书馆应当适时修订和完善质量控制体系，建立规范的数字资源馆藏评价体系，使馆藏建设科学合理。数字馆藏评价就是对数字馆藏的质量和价值进行分析，并依据某种标准对图书馆中数字资源服务体系的功能及其发挥情况进行科学客观的检测和评估。对数字资源质量和价值的分析，就是对馆藏数字资源自身的加工质量、学科专业、语种和时间等方面进行分析，以及从馆藏整体上对建设质量进行评价。对数字馆藏的功能及其发挥情况的评价，狭义理解就是对其利用和满足读者需求情况的测度。因而，数字馆藏评价包括数字馆藏内容质量和服务质量评价两个方面。在数字馆藏评价方法上：一种是从图书馆馆藏资源建设的角度，审视分析馆藏数字资源体系结构是否科学合理，对传统馆藏是否具有互补性以及整个图书馆馆藏是否科学合理。二是从馆藏资源的利用和服务角度，探讨数字馆藏的建设质量。数字资源利用率高，读者满意率高，证明馆藏质量就高，馆藏建设就科学合理。

（二）数字图书馆服务导向机制

在数字图书馆建设的初期，应加强资源数字化建设，随着数字图书馆的初步建立与投入使用以及各种标准与规范不断完善，我们应把更多的资金与技术力量投入到服务体系的建设与服务能力的提高上来。服务是数字图书馆的出发点和落脚点，服务关系到图书馆、数据提供商、公众等各方面的权益，是当前数字图书馆建设中的焦点和核心问题。数字图书馆服务导向，是一种渗透于数字图书馆日常活动、业务和规程的理念与氛围。这种理念与氛围要求无论是数字图书馆服务项目的规划设计、服务方式的选择，还是服务项目的运行机制和管理机制，都要从是否能有效、可靠、可持续地提供服务和保障用户所需的角度出发，并由用户来审查评价其信息需要的满足程度和使用效益，从而使图书馆与用户建立合作、双赢的关系。应当说，数字图书馆工作的核心是服务，通过服务促进资源建设，实现可持续发展。我们应变资源主导型建设为服务主导型建设。

面临读者信息需求的多元化、信息服务的泛在化、信息需求的精品化与知识服务要求的专业化，数字图书馆必须变封闭型的服务为开放型的服务，变静态式服务为动态式服务，变接纳式服务为主动式服务，变一般化服务为多样化、特色化服务，变单层次粗浅服务为多层次全方位服务。数字图书馆应以用户需求为导向，实现文献传递的传统单一服务向文献与知识信息重组的服务内容转变，以及馆藏内容由单元向多元的转变，并在文献资源不断优化、组织、集成的前提下，使其系统化、规范化、有序化，及时、高效地向用户提供内容多元化的服务，数字图书馆可持续发展的服务模式，应当是集成化、个性化、多元化、协作化、创新型。数字图书馆的服务导向是图书馆人文精神的体现，它要求图书馆的一切工作以用户为中心，站在用户的立场来观察、审视和实现自身服务的价值和目的。

（三）数字图书馆运行机制

1. 多元主体参与建设的运行模式

在数字图书馆运行过程中，形成多种主体参与建设的运行模式。国家是投资主体，图书馆是建设主体，社会力量则是对前两者的有益补充。数字化图书馆运行模式在实践中存在着多种类型，如国家或基金会等机构投资、免费资源存取运营模式，专业机构投资、市场化运营模式、企业投资、市场化运营模式，基于行业协会建设专业性数字图书馆模式等。当前，数字图书馆运行过程中最突出的问题就是资源购买与经费紧张的矛盾，数字图书馆建设的公私合作运行模式是一种行之有效的解决方案。

应当说，科学有效的运行机制是保证数字图书馆建设事业可持续发展的关键环节。从发达国家数字图书馆的运营实例看，资金来源基本由国家投资、专业技术公司（如 IBM 公司）、基金会（如福特基金会）赞助、专业机构（如 Elsevier 等知名专业出版社）投资等方式构成。我国虽然也有中国知识基础设施工程、超星数字图书馆等公司运作的成功案例，但更多高等院校领域还是采取图书馆内自行开发和加工、免费服务、局部使用的运营模式。这种模式缺乏图书馆与技术型、赞助型或单纯数据加工型企业的有机结合，不利于馆藏资源数据加工的规模化、标准化，以及内容提供、数据加工、资源共享等各个环节的规范化、效益化，直接影响到数字图书馆建设的质量、效果和可持续发展的力度。

因此，在运行模式的选择上，应当针对我国数字图书馆建设的实际情况，构建一种"国家主导、教企合作、广泛参与、公益运营"的数字化图书馆运行模式，尽可能细化工作环节，将数据加工提高到规模化、标准化、效益化的层面，同时尽可能争取来自政府以外多种资金的支持，为促进数字图书馆建设事业的良性发展创造更为宽松、自主的主客观环境。同时，应积极探索市场化运作模式，对商业资金投资的数字图书馆实体或项目，应该予以政策面和税收上的鼓励支持，实行市场准入的原则，严格进行资质审查，按照市场化模式运作，提供营利性质的服务内容。

2. 以联盟为表现形式的合作与共享机制

在进行数字图书馆建设时，必须遵循合作与共享这一重要原则，在数字图书馆的数字资源建设和保存、网络技术的应用、分类和主题标引、书目数据格式的标准等方面，必须走联合建设、合作与共享这一条路。为此，需要建立数字图书馆联盟。图书馆联盟是以实现资源共享、互惠互利为目的组织起来的、受共同认可的协议和合同制约的图书馆联合体。其实质都是以联盟的形式在地区、全国或更大范围内，进行全面的或某一方面的合作，实现图书馆之间的资源共享，协调文献资源建设，进行馆际互借与文献传递、电子资源建设及资源合作存储、参考咨询服务协作等服务工作。

数字图书馆联盟以网络为依托进行整体化建设，架构统一的平台，资源联合建设、联合购买、联合编目、建立联合目录，实现文献资源高度共建共享；各个成员馆又要分头建设具有本馆特色的馆藏文献资源数据库。典型的数字图书馆联盟如 CADUS、NSTL 等都采用联合建设的合作与共享模式。数字图书馆合作与共享，按照合作对象可分为多维性合作与共享、交互式合作与共享、集成合作与共享三种形式，按照合作内容可分为垂直型、水平型、垂直与水平交叉型三种形式。不管采用何种合作与共享形式，都应坚持科研与工程紧密结合，促进科研成果的转化。

总而言之，数字图书馆建设工程是一个巨大而复杂的工程，它需要发挥国家和政府在数字图书馆建设中的主导作用，从战略研究和宏观规划着手，统筹规划、分步实施；协作共建、资源共享；制定相关标准，完善相关政策；突出特色、注重实效；开展示范、试点研究；引入市场机制，发挥市场引导的作用，带动相关产业的发展。要依托现代网络条件和技术、合理布局、分工协调、建立传统文献与现代文献相结合、实体资源与虚拟资源相补充的文献保障体系，建立一个先进、方便、快捷的文献服务体系和管理体系，以推动文献资源的优化配置，对我国国内现有的技术、资源、人才等力量加以整合，建立以资源建设为基点，以服务应用为中心，以运行管理为手段，以制度规范为保障的数字图书馆建设机制。

四、数字图书馆的发展趋势

数字图书馆建设与发展将呈现以下趋势：

第一，网络技术的更新换代将大大提升数字图书馆的自动化水平。数字图书馆是用数字技术收集、存储和组织信息，并利用计算机网络查询和检索信息的现代化信息系统，在网络技术发展方面，其网络技术的更新换代也会不可避免地直接应用到数字图书馆的建设当中，将大大提升数字图书馆的自动化水平。

第二，大数据为数字图书馆的发展提供了强有力的技术支撑。"大数据"又称"海量数据"，是指所涉及的数据量规模大到无法在合理时间内通过人工的方式整理成为人们所能解读的信息，具有海量性、多样性、精确性和时效性等突出特点。长期以来，图书馆都运行在一个"供应文献"的状态下，随着大数据处理技术的不断推出，国家和地方的云计算基础设施（PaaS），构建云计算服务平台（IaaS），重点研发图书资料云技术的软件服务（SaaS）应用，建设机构内部图书资料管理云平台、国家或区域图书资料资源建设云平台和图书资料资源服务云平台等相继建立，他们为数字图书馆的发展提供了强有力的技术支撑，数字图书馆的建设有望得到飞速发展。

第三，协同发展将改变资源建设。事实上，在数字图书馆建设过程中，人们已经认识到，图书馆的核心业务不再是原有图书馆一个部门能够完成的，而是涉及众多图书馆和情报单位。这是因为，尽管图书馆的核心业务流带有不变性的特征，但是他的服务对象是各式各样的。协同建设的根本任务是为防止图书馆变成"信息孤岛"，改变资源建设现状，实现信息共享。这就要求在管理机制上，应成立跨地区、跨行业、跨部门的协调机构，实现组织保证；在资源建设的方法上，可以将独立开发、合作开发相结合，明确利益分配原则，调动各个方面的积极性；在技术实现上，既要提供集中式的应用服务，又能提供个性化应用服务，以满足不同领域、不同对象的不同需求，同时，要建立数字资源的相互查询系统，避免重复建设。

第四，人才匮乏问题有望得到解决。数字图书馆相对于传统图书馆管理人员的知识结构、业务能力等都将发生很大变化。作为一名合格的数字图书馆的管理人员，应该除了具有对信息描述、分类与主题标引等信息组织的能力和信息挖掘、传播、控制、检索等方面的实际应用能力，更要懂得怎样提供数据服务、数据查询、数据传递等基本能力与技能。随着数字图书馆的建设和发展，人才匮乏问题愈显突出，值得庆幸的是，众多高校和相关机构已敏锐地认识到这一问题，对原有的图书馆专业进行改造，对传统图书馆的管理人员进行培训。相信为期不会很远，数字图书馆的人才匮乏问题有望得到解决。

第五，数字图书馆的环境改善将大大提升服务质量。由于数字图书馆使用了大量的数字资源作为图书资源的主体，相对于传统图书馆，馆舍布局将发生彻底改变，纸质书库大量减少，原来的书架将由电子设备取代。可以想象，数字图书馆的整体环境、空间布局将更注重科学与艺术的有机统一，资料检索、阅读浏览将更注重技术与享受的完全结合，数字图书馆的环境改善将大大提升服务质量，人们在数字图书馆内的活动不仅仅是知识的索取，更是精神享受。

尽管数字图书馆的建设对我们来说起步较晚，在许多方面与先进国家相比都有一定的差距，但我们可以借鉴国外一些成功的经验，正确认识目前我们国家在数字图书馆建设中存在的问题，解决好技术、人员及服务问题，我们就能走出一条符合我国国情的数字图书馆建设之路。

第三节 智慧图书馆建设与发展

一、智慧图书馆概述

智慧图书馆是信息技术与经济科技飞速发展的时代产物，是一种与时俱进，不断更新和完善的新的图书馆管理模式。智慧图书馆首先要求管理者和管理员要明确智慧图书馆的理念。不仅对于工作人员的思想有较高的时代要求，员工还必须具备基本的多媒体信息技术知识。真正把"以人为本"作为图书馆的发展理念，充分合理利用网络资源，构建智慧平台，全方位了解读者的需求，并不断地作出调整。智慧图书馆实际意义上是在智能平台的基础上，实行一种趋近于自主的管理模式，给读者打造更具时代感，更沉浸的阅读环境。同时这种智慧图书馆对于图书的精细化管理起着十分积极的促进作用，书籍的储存、记录、查询等功能，会在智慧图书馆的加持下变得极为便捷。同时智慧平台能够更贴近读者的生活，了解到读者的真实意愿，这对于图书馆不断完善自身起着至关重要的作用。

（一）智慧图书馆产生的背景分析

从哲学上来说，新事物的产生符合事物发展的客观规律和前进趋势，技术的发展、人文精神的需求以及社会需求的体现，均是智慧图书馆产生的重要原因。智慧图书馆是社会需求与图书馆自身交互作用的产物，是图书馆服务范围不断拓展的产物，社会的需求是智慧图书馆产生的外在动力，图书馆技术变革与人文精神是智慧图书馆产生的内在动力。对智慧图书馆产生的技术背景、人文背景以及社会背景进行分析，可以更好地阐释智慧图书馆的产生原因，明确智慧图书馆的核心要素，为智慧图书馆实践工作提供更好的理论支持。

1. 智慧图书馆产生的技术背景

图书馆的核心任务是保障信息的有效查询与获取，而每次信息技术的进步都导致了信息量的急剧增长，也使得图书馆在保障信息的有效查询与获取这一任务中面对更大的机遇与挑战。科技是推动图书馆前进的重要动力，图书馆每一次的形态变更都伴随着科技的发展，正如计算机的出现促进了传统图书馆向现代图书馆的转变，互联网的发展促进了现代图书馆向数字图书馆的转变，物联网的发展、智慧化设备的普及，以及大数据时代的到来都是智慧图书馆产生的重要技术背景。

数据爆炸为读者带来了海量的数据，这为图书馆保障信息的有效查询与获取提出了更高的要求，图书馆需要帮助读者在繁杂的数据中寻找到自己所需的数据，并且培养读者在数据海洋中寻找利用数据资源的能力。现今社会已经由 IT（Information Technology）社会逐渐转向 DT（Data Technology）社会，数据中所蕴含的价值被人们重视并尝试利用起来，图书馆也开始尝试在读者许可的情况下，对读者数据进行分析，寻求其中的规律，向读者提供更加智慧的服务。

不同于互联网的计算机与计算机之间的交流，物联网将用户端延伸并扩展到了任何物品之间，进行信息的交换与通信。物联网的出现为图书馆构筑智慧环境提供了良好机会，除了与馆员的交流，读者可以通过自己的智能设备与图书馆馆舍、馆藏资源与图书馆设备形成良性互动，读者可以在任何时间、任何地点使用任何设备，从智慧图书馆获取自己需要的服务。

2. 智慧图书馆产生的人文背景

任何一种新事物的产生都有着其独特的文化背景，智慧图书馆也不例外。在西学东渐的大文化背景下与维新变法的有力推动下，中国图书馆事业完成了从古代藏书楼向近代图书馆的转变。随着新文化运动的启蒙，国民教育的普及、国际交流的深入以及现代科学技术的广泛应用，图书馆已经成为社会中重要的公共文化服务机构，为信息的查询与获取提供坚实的支持与保障。帮助每个读者成为拥有自由思想的人是图书馆一直以来坚持的工作，体现着文明进步对人个体的终极关怀。然而，随着科学技术的高度发达，席卷而来的物质文化也逐渐成为社会的主流文化，日趋物质化的社会文化环境对图书馆的发展产生了深远影响。尽管图书馆学始于人文主义，但是在近代技术应用中，图书馆越来越偏向于注重技术而忽视人文精神。

新技术的应用使得图书馆的工作方法以及服务手段发生了根本性变化，为智慧图书馆的发展提供了技术支撑，而在技术愈发被重视的同时，人文精神却被越来越多的图书馆所忽视。在读者对图书馆馆员的刻板印象调查中，图书馆馆员被认为具有能力、值得亲近但是服务意识淡薄，更多地被看作图书馆的管理者而不是读者的服务者。这一调查结果也反映出许多图书馆在新技术的应用上表现得非常积极，但是在读者服务上却鲜有重视。这些现象也引起了图书馆界对于技术主导的反思，科学技术应是图书馆发展的保障，人文关怀才应是图书馆发展的主导。智慧图书馆的出现克服了仅仅局限于技术而忽视人文精神的现代图书馆弊端。智慧图书馆是人文精神与科学技术的结合，一方面可以利用技术更加高效地体现图书馆的价值和职能；另一方面也可以将数据、信息、知识上升到智慧的高度，为读者提供有力的知识查询与获取的保障，帮助其成为拥有自由思想的人，这便是智慧图书馆产生的人文背景。

3. 智慧图书馆产生的社会背景

所谓社会背景，指的是图书馆所处的社会环境。现代图书馆的发展伴随着社会需求的变化而发展，与此同时，人们对图书馆的认识也在随着社会环境的变化而变化，不同的社会形态下，图书馆的社会职能也不尽相同。而作为社会机构，图书馆的社会职能始终是社会需求最真实的体现。在农业文明时期，图书馆作为知识的保存机构，为人们保存着生活经验所积累而成的知识；在工业文明时期，作为新技术的保存者与传播者，图书馆致力于保障知识的自由以及平等获取；在信息文明时期，信息的马太效应产生了"信息鸿沟"，图书馆在全人类知识一体化的背景下，尽力消除"信息鸿沟"，同时在普遍均等服务的基础上更加注重开展人性化、个性化的服务，让每个人都能更好地实现自我发展。随着"智慧地球"这一概念的提出，数字化、网络化和智能化，被公认为是未来社会发展的大趋势，促进世界更全面地互联互通也成为人类的愿景，新兴的技术让图书馆能够与社会各机构实现更广泛的知识共享。智慧图书馆融合于智慧校园、智慧城市之内，形成读者、图书馆与馆藏资源高度的互联与互通，是泛在信息社会对图书馆赋予的责任与要求。

（二）智慧图书馆的特点

智慧图书馆作为未来图书馆的新模式，将成为图书馆创新发展、转型发展和可持续发展的新理念和新实践。智慧图书馆的三大特点如下：

1. 互联性

智慧图书馆的技术具有数字化、网络化和智能化的特点，智慧图书馆的互联体现在两个方面，全面感知和立体互联。

第一，智慧图书馆是全面感知的图书馆。对图书馆中人和物的全面感知，也就是说把文献信息和用户、馆员的信息联系起来，实现信息的全覆盖。例如，美国华盛顿州西雅图市图书馆实现了读者服务的实时数据显示，读者通过大屏幕的实时服务数据分类显示对馆内文献资源清楚明了。

第二，智慧图书馆是立体互联的图书馆。立体互联即全面的互联，从大的方面讲，可以是国家、地区之间的互联；从小的方面讲，是图书馆内各种信息的互联，立体式互联使图书馆为用户提供更为优质的服务，解决实际使用的问题和矛盾。

2. 便捷性

智慧图书馆通过互联互通的网络，馆员管理图书馆，用户使用图书馆，给馆员和用户的沟通带来了便捷和高效。

第一，智慧图书馆的无线泛在。2001年韩国首尔提出了泛在城市计划，2004年美国费城市政府第一个提出"无线费城"规划，实现了无处不在的城市网络覆盖。城市网络覆盖，为图书馆发展提供了良好的设施和信息环境，互联网技术的发展也为智慧图书馆的发展提供了保障。

第二，智慧图书馆一体化的管理与服务。智慧图书馆服务的理念是以用户为中心并为其提供需要的管理和服务。智慧图书馆的一体化管理与服务，体现在图书馆通过智慧化的设施为用户提供文献信息资源和阅读环境。用户可以在电脑端、手机移动端便捷地登录并使用，读者拿着手机就可以享受各种信息资源的服务，移动图书馆在国内公共图书馆和高校图书馆已经被广泛使用。

第三，智慧图书馆的个性化程度。进入21世纪以来，国内外图书馆的服务理念发生了转变，从被动服务到主动服务，从重视资源建设到服务与建设并重，从程序化服务到个性化、专业化的服务模式。智慧图书馆不仅强调个性化服务，也注重与用户互动，它更趋向于提供智慧化、交互性的个性化服务。

3. 高效性

智慧图书馆的高效性不但体现在管理的高效，还体现在服务和资源配置的高效上。

第一，智慧图书馆是高效管理的图书馆。智慧图书馆是指管理者通过科学化的管理，运用信息化技术，提高管理服务、馆员的效率、设备的运行等活动的行为。在时代发展的背景下能够做到及时感知和快速反应，提高图书馆管理的灵敏度和服务的即时性。

第二，智慧图书馆是高效服务的图书馆。智慧图书馆的高效服务，一方面体现在图书馆对用户需求提供的管理服务上面，运用现代化的信息手段为用户提供信息资源，必要的时候也会为用户提供深层次、更专业的服务。如资源服务、学科服务等。另一方面体现在图书馆为满足用户个性化的服务需求，形成的一个集群。例如，"同城一卡通"是智慧图书馆形成的集群的具体体现，"同城一卡通"突破了城市区域间的限制，把图书馆整合为资源共享的集群，使图书馆的资源和使用效率实现最优化。

二、智慧图书馆建设的原则

（一）标准化与规范化的原则

智慧环境下，图书馆信息的采集和加工，传播和利用，都是以网络为依托的。"无处不在"的互联网，对于图书馆建设的便利性是不言而喻的，但若要形成全国范围内的图书馆事业体系，甚至全球范围内的共建共享，统一的标准和建设规范是必不可少的。由此可知，标准化和规范化会直接影响智慧化建设的成败。例如国际上通用的数据格式标准规范，统一的网络通信协议，符合行业标准规范的设备等，统一的标准、规范、协议，以及可兼容的软硬件，在数字资源系统建设、技术平台构建、信息服务系统开发等过程中，都是至关重要的，从图书馆系统互联互访到其他系统的智慧化建设中，发挥着不可替代的作用。换句话说，智慧图书馆的未来建设，及其功能服务更好地实现，必须建立在统一的标准、规范基础之上。

（二）共建性与共享性的原则

对于全国范围智慧化图书馆体系的建设，一个图书馆的力量是有限的，短时间内很难完成智慧资源建设。几个图书馆之间的信息共享，通过共享人力、物力，可短时间内丰富馆藏资源，最大化地满足用户需求。由此可知，作为个体的图书馆，若想要尽快实现泛在化、智慧化建设，必然需要与其他馆合作，通过共建共享，贡献自己力量的同时，也获得更多其他馆的馆藏资源。

为实现信息资源共建共享，图书馆个体可以相互联盟，如国际上的 OCLC（Online Computer Library Center，联机计算机图书馆中心），以及国内的（CALIS China Academic Library & Information System，中国高等教育文献保障系统）等。一方面，一定区域内的图书馆形成统一体，以联盟的形式采购图书、数据库等，从书商、服务商处获得较低的采购价格，不仅节省资源，也可扩大资源利用率；另一方面，各个图书馆之间可以共享技术、平台资源等，在数字化建设过程中，避免资源重复开发，节约成本，还能有更多的资源用于读者服务，促进图书馆的智慧化建设。

（三）开放性与集成性的原则

未来智慧图书馆的发展，将为读者提供智慧化程度较高的个性服务，同时，读者能够互动式或自主式地参与图书馆的服务与管理。在移动互联网的基础上，信息的创建和处理，传输和搜索，都会达到难以想象的高效和便捷，图书馆员不再是唯一的信息制造者和发布者，读者也将成为信息数据的创造者，使得信息的扩散更加迅速，信息在"图书馆—读者"之间的流动更加快而直接。智慧图书馆为用户提供的微信互动、微博分享，网上联合知识导航站，以及电话预约、就近取书等服务，降低了图书馆的进入"高度"，使馆员与读者，读者与读者，馆员与馆员之间能够自由互动、协同参与，在图书馆的管理和服务中，读者可直接或间接地发挥作用。

智慧图书馆是在云计算技术、物联网技术的基础上，在各个文献信息机构之间，不同类型文献之间，实现跨系统应用集成，跨部门信息共享，跨媒体深度融合，文献感知服务和集群管理。上海图书馆的"同城一卡通"，使读者对借阅的文献存储和流通状态，能够跨时空、实时获取，在237个总分馆中，跨空间地实现各个单一集群系统的互通互联。通过知识信息的共建整合，无障碍转换，跨时空传递等，实现集约显示、便捷获取，依靠集群化综合服务平台，使知识资源的视角不仅仅局限于点，而是扩展到条、面、区域，从而达到条线的交流、块面的联系、区域间的互动，实现智慧化运作。图书馆要实现服务创新，就必须依靠新技术的智慧化应用。

（四）智慧性与泛在性的原则

图书馆的智慧化、泛在化主要体现在以下方面：

一是服务时间和服务空间：无线网络技术的发展，更加智能的自动化服务系统的出现，实现在网络所覆盖的地区，都能体验到图书馆服务，且连续 7×24h 服务。图书馆用户通过终端设备，可以不受时间、地点限制，享受数字资源、服务。

二是服务对象和服务模式：随着移动通信技术的发展，图书馆的服务模式势必要发生改变，为所有连入网络的用户主动推送资源、服务，不再仅限于到馆用户，每个人都能公平地获取所需资源和服务，真正扩大图书馆服务对象的范围。

三是服务内容及服务手段：泛在环境下，图书馆之间资源的共建共享，使得图书馆用户可获得资源服务，不再仅限于本馆的馆藏，而是整合不同平台的资源，如共享资源中心、互联网和开放知识库等，同时，对信息加以归纳整理、去伪存真，然后供用户使用，如通过网站、WAP 平台拓展数字化资源的利用率。

由此可知，时代背景和技术环境的变化，图书馆的建设发展务必要遵循智慧化、泛在化的原则，才能真正体现图书馆的社会价值。

三、智慧图书馆建设的有效路径

（一）形成清晰明确的战略规划与行动方法

智慧图书馆建设是一项复杂的、需要全方位多角度立体实施的系统工程，其建设需要进行认真细致的建设规划与方案论证，形成清晰明确的战略规划和行之有效的行动方法。从纵向来看，《中华人民共和国国民经济和社会发展第十四个五年规划和 2035 年远景目标纲要》《"十四五"文化和旅游发展规划》《"十四五"公共文化服务体系建设规划》等均对智慧图书馆建设进行了论述，明确了我国智慧图书馆事业发展的宏观指向。从横向来看，我国已有一些先进图书馆，将智慧图书馆建设纳入其"十四五"发展规划中，如广东省立中山图书馆、广州图书馆、深圳图书馆等，在其"十四五"发展规划中均提出了智慧化发展举措，其中，深圳图书馆将智慧发展理念贯穿全局，对智慧服务、智慧管理与智慧资源三大维度作出较为细致的战略部署。这些均表明我国相关管理部门与一些图书馆已有意识地将智慧图书馆建设纳入战略规划管理中。但目前存在顶层设计论述内容较为简单抽象，无法有效指导实践的问题；同时，除少数图书馆外，大部分图书馆对智慧图书馆的认识尚不全面，忽略了从战略管理角度对图书馆智慧转型予以统筹。

智慧图书馆不能盲目建设，也不能仅依赖实践界的各自摸索。鉴于智慧图书馆事业的系统性与整体性，未来有必要进一步从国家层面和地方政府层面制定全国性、地区性的智慧图书馆发展战略规划，从全局关照、区域关联角度出发，根据地域差异、城乡差异等不同情况部署智慧图书馆应用项目试点。与此同时，各级公共图书馆应当抓住智慧城市、数字中国等国家战略机遇，及时将智慧化行动纳入本馆发展规划中。尽管目前大部分图书馆已完成"十四五"规划的编制工作，但也应当根据智慧转型需要，尽快明确本馆智慧化建设的战略方向，在"十四五"时期工作方案中适时纳入智慧化发展内容。同时，由于智慧技术的迅速更迭、用户需求的多样化发展，智慧图书馆建设必然是动态发展的，其规划需要不断调整与细化。在纳入图书馆整体规划的基础上，有必要进一步聚焦智慧发展主题，设立智慧图书馆专项发展规划，协调全馆力量开展智慧业务布局，明确馆内各部门职责与任务，并设计具体路线图和时间表，以保障建设工作稳步有序。

（二）注重数字图书馆的基础支撑作用

20世纪90年代以来，我国数字图书馆事业创新发展，先后实施的国家数字图书馆工程、数字图书馆推广工程等，促进了文献资源的数字化，改变了图书馆资源组织与运用的方式与形态，有效提升了馆藏资源使用率。经过多年的建设，我国已经形成以国家数字图书馆为龙头的数字图书馆体系。显然，前期几十年的数字图书馆建设，为智慧图书馆建设奠定了坚实的数字化基础，而智慧图书馆发展也为数字图书馆转型升级提供了新方向。智能技术与新型服务平台的运用，带来了大量数据的获取与分析、资源的描述与使用的新机会，将数字图书馆的效用与效益最大化。

需要明确的是，数字图书馆建设是智慧图书馆建设的基础，两者在很长时间内将共存，即使智慧图书馆发展到高级阶段，数字图书馆也不会消亡。以数字图书馆建设为基础，对既有的系统、设备、资源、服务提档升级，在数字图书馆之上建设新一代的智慧图书馆是必由之路。智慧图书馆建设既不能抛弃或者停止数字图书馆建设，过去遗留的诸如数据孤岛、标准不统一等问题，仍需在智慧图书馆建设中继续探索解决，也不能将智慧图书馆建设成为数字图书馆的翻版，而要将数字图书馆纳入智慧图书馆体系，进一步整合海量数字资源，实现跨领域、跨语言资源描述，提供一站式便捷查询、发现与使用资源功能。

（三）以智能技术赋能图书馆事业发展

智能技术是智慧图书馆的核心要素，是实现智慧服务与智慧管理的首要基础，也是当前赋能图书馆的关键所在。一个图书馆能否高效、快速地实现技术赋能，是提升其行业竞争力的关键所在。如何将层出不穷、推陈出新的大数据、云计算、物联网和人工智能等各类新技术应用在智慧图书馆建设中，以达成智慧服务与智慧管理的目标，是目前学界与业界都在致力解决的重难点问题。如目前已有一部分图书馆探索利用智能书架、智能书库、机器人服务、智能安防、无感借阅等实现基本业务智慧化，同时还加强超级影视、智慧场馆、云课堂等智慧体验型服务，为精准管理和精细服务赋能。

在智能技术赋能图书馆的同时，需要进一步辨析智慧图书馆与智慧技术间的目的与手段的辩证关系。新技术只是达成目标的工具与手段，图书馆的好坏也不在于技术多少。人是智慧的来源与主导，技术要真正服务于用户需要。若忽视用户需求和图书馆运营能力而盲目建设，可能会带来资金困境与运营难题。未来，各级图书馆在智能技术引进的过程中，需要提高技术运用的敏感性，明确相关技术的选采标准，优先考虑是否有利于人的智慧发展，依据实际业务需求选取最优型技术，关注新旧技术的协同与适配。

（四）深入开展新型智慧馆员培养工作

智慧馆员是智慧图书馆建设成功的关键特质。目前我国智慧图书馆建设过程中更多关注图书馆的物质技术，对智慧馆员的职业需求不明，存在忽视培育馆员的知识技能网的问题。与此同时，图书馆员虽身处智慧图书馆大数据的信息洪流险境之中，却没有充分感知行业智慧转型带来的新需求与危机感，图书馆员的个人智慧转型意识不足。技术智慧只是智慧图书馆的基础项，技术无法解决所有问题，再好的技术也需要人来操作，馆员智慧才是支撑智慧图书馆前进的核心动力。在构建新一代智慧图书馆服务平台的过程中，需要图书馆员发挥主题专家作用，为平台的研发贡献专业知识并传递实施经验，开展行业交流。智慧图书馆建设对图书馆员的业务知识与技术知识的集成提出要求。

我国智慧图书馆建设亟需培养一批新型智慧馆员。一方面，迫切需要从顶层设计出发，构建智慧馆员选拔、培养、激励和发展机制。各级图书馆学会应当充分发挥组织协调作用，实施全国性和地区的智慧图书馆员培养计划，培养与智慧图书馆建设相适应的新型人才队伍。智慧馆员队伍培养也有助于提升我国图书馆行业对智慧馆员需求的认知，激发图书馆员智慧转型的自发性，促进馆员群体的终身学习与知识更新行动。另一方面，各级各类图书馆内部需要从新员工引进与老员工培训两方面，着手构建自己的智慧馆员人才体系，提升图书馆行业的技术研发与运用实力，避免长期依赖于外部技术企业的介入。同时，理论界也应更多关注智慧馆员发展的相关课题研究，就智慧馆员培养的心理特质、知识结构与能力维度、发展机理，以及技术培养与人文平衡等内容展开理论研究，以切实指导行业的智慧馆员培训实践。

简而言之，当前我国智慧图书馆的实践与理论热度持续攀升，体现了我国图书馆人对图书馆事业转型升级的持续追求与努力。然而，在巨大的发展热情面前，智慧图书馆的实践与理论研究不能一哄而上，而需要明确的目标导向与清晰的路径指引。未来还需要针对如何基于地域、文化、馆级等差异，建设中国特色的智慧图书馆体系的问题，进一步从理论和实践层面深入研究，这也是每一位图书馆研究者与从业者应当关心的时代议题。

四、智慧图书馆的发展愿景

一是服务手段智能化。智慧图书馆的主要特征之一是要能够提供智慧服务，而要达到这一愿景，前提是综合应用各种创新技术，实现智慧图书馆服务手段的智能化。① 比如，通过 RFID 技术，可以使借还书、图书上下架等传统图书馆业务更加智能化，减少图书馆馆员的基础操作性工作；通过大数据技术，可以使图书馆更加高效地收集和分析读者信息，有针对性地为读者提供个性化服务。

二是服务场所多样化。智慧图书馆通过利用互联网+、大数据和信息技术，将图书馆和读者进一步打通融合，打造出现实空间与虚拟空间共存的智慧空间，让图书馆的服务在空间和能力上得到进一步的拓展和提升。通过服务场所的多样化，智慧图书馆将彻底突破传统图书馆服务空间和时间的限制，使得读者有更多获取图书馆服务选择的空间。

三是服务方式集成化。智慧图书馆不是要实现单一方面的突破，而是要把虚拟空间和现实空间、电子资源和物理资源、智能设备与传统设备进行集成整合，形成网状互联的智慧集成系统，让读者在不同服务方式和不同服务阶段，都能够自由关联和快速切换，最便捷地享受到智慧图书馆的智慧服务。

四是服务内容精深化。智慧图书馆的"智慧"，不仅将体现在服务的便捷性上，更多的是将做好读者知识需求与图书馆服务内容的有效衔接，给读者更加直接的知识供给。利用数据挖掘技术和 AI 技术，将海量的基础性数据，有效转化为用户需要的深层次知识产品或问题解决方案，将是智慧图书馆服务内容变革的重要方向。

第四节 自助图书馆建设与发展

一、自助图书馆概述

国内外学者对自助图书馆进行了多种定义划分，目前没有形成统一的定论，因此本书

---

① 马安宁，王轩. 智慧图书馆的建设与发展探究 [J]. 文化产业，2021（30）：79-81.

在借鉴和总结前人研究成果的基础上，认为自助图书馆（Self-Service Library，简称 SSL）是借助现代通信技术和计算机技术等手段，以满足读者需求、优化阅读功能服务为目标，24 小时向读者提供阅读、交流等图书馆基本服务功能，以及自助借还、自助续借、自助预约等全自助服务功能的智能"微型图书馆"。[①] 目前，自助图书馆有城市街区 24 小时自助图书馆、24 小时微型图书馆、图书馆 ATM、微型图书馆等多种称谓和建设形式，为明确界定自助图书馆概念及范围，本书所研究的自助图书馆，仅指不依托馆舍或场所存在且能够独立提供图书借阅自助服务的设备。

（一）自助图书馆的功能结构

自助图书馆的功能可以从基本功能和增值服务功能两方面来进行阐述，基本功能包括办证、借还、查询、逾期费扣缴、滞纳金扣缴等，增值服务功能包括预借、续借、预付款、透支、资源防盗、影像识别、光盘自助借阅、报刊自助借阅、电子资源下载、Wi-Fi等。具体来说，自助图书馆为实现其功能所具备的结构如下：

一是图书展示柜。自助图书馆系统的展示柜可以向阅读者展示 200～450 册左右的在架图书，同时，此系统在全新的环形传送装置/输送系统的支持下，可以实现自助图书馆在架图书的定时旋转展示，为读者浏览图书提供便利。

二是自助服务终端。自助服务终端引入银行 ATM 机的概念，开通自助图书馆服务终端实时办理借书证功能，使读者可以凭借第二代身份证及一定数额的押金进行图书借阅。

三是图书馆查询终端。图书馆查询终端主要为读者提供便捷的查询服务，查询项目包括对图书馆相关信息以及馆藏书目信息的查询，且提供图书的预借服务，工作人员在收到预借请求后，将及时进行处理并通过该终端系统将结果反馈给读者。

四是图书归还回收箱。图书归还回收箱一般可存放 500 册返还的图书，同时箱体内部配备的机械手可对送还的图书进行自动归类，免去人工分类的步骤，更加便捷。

五是布告栏。布告栏用于向读者传递自助图书馆的藏书信息，包括图书种类、图书书目等，可以用来发布各类广告。

综上所述，自助图书馆基本具备公共图书馆的所有服务功能，相当于一座无人值守的智能化"微型图书馆"。

（二）自助图书馆的主要特征

自助图书馆的建设与使用为读者自助办证、借还、查询等提供了便利，与传统实体图

---

① 荣禾健. 自助图书馆建设及发展策略探究 [J]. 办公室业务，2018（19）：159.

书馆相比，在便捷化、个性化、人性化、灵活化等方面具有明显优势，自助图书馆的特征可以概括为以下几个方面：

第一，服务便捷性。自助图书馆的服务特色主要体现在为读者提供 24 小时自助服务，读者通过操作机器设备，可以自行完成办理书证、借还图书、查询资源信息等功能，并且操作简单方便，耗时短，为读者提供了便利。

第二，技术先进性。借助于先进的计算机技术、网络通信技术，自助图书馆可以提供较高智能化的服务，如门禁、实时监控、自助借阅等，在以技术支撑服务的同时也体现了人性化的特征，在系统的设计和维护过程中，始终将读者作为服务的对象和主体。

第三，平台开放性。自助图书馆是一个开放型图书馆，既不受时间的限制，也实现了从物理空间到服务流程的开放，在建立和完善自助图书馆相关制度体系的基础上，还为读者提供了比较安全并且无障碍的阅读环境。

第四，功能实用性。自助图书馆基本具备普通图书馆的服务功能，且在此基础上进行了功能创新和服务延伸，不仅功能完备、服务时间长、智能化程度高，更重要的是自助图书馆的各项功能和服务能够切实满足读者的借阅要求，实用性强。

第五，社会效益性。自助图书馆为全体公民提供借阅服务，搭建了便捷、实用的阅读平台，有利于促进全民阅读的开展，有利于浓厚文化氛围的形成，有助于发展中国特色社会主义文化事业，收到了巨大的社会效益。

（三）自助图书馆的主要服务形式

随着自助图书馆的发展，其服务模式逐渐呈现出多样化和标准化趋势，根据设备、技术和功能的不同，目前我国自助图书馆可以分为以下几种服务形式：

1. 室内自助图书馆

室内自助图书馆即独立自助图书馆，一般设置在离图书馆较近的地方，馆内除了设有传统图书馆所能提供的图书、书架、座椅之外，还配备了自助借还机等多种自助设备，为读者提供 24 小时全天候服务。相比其他形式的自助图书馆而言，室内图书馆的最大缺点在于需要独立的建筑或空间，这以东莞自助图书馆和台北"Open Book"智慧图书馆为代表。

2. 室外自助图书馆

室外自助图书馆相比室内自助图书馆而言，最主要的特点是摆脱了空间和建筑场地的束缚，根据功能是否齐全，可以将室外图书馆分为图书馆 ATM 和街区 24h 自助图书馆。

(1) 图书馆 ATM。图书馆 ATM 类似于银行 ATM 机，外型像大书柜，读者可以浏览在架图书并进行借阅，还书即上架，降低了物流成本，但功能简单，不够全面，存在一定的局限性。东莞图书馆是建设图书馆 ATM 的典型代表。

(2) 街区 24h 自助图书馆。相比图书馆 ATM 而言，街区 24h 自助图书馆功能更加全面，除提供借还、查询等基本功能外，还提供办证、预约、续借、预存款等多项服务。街区 24h 自助图书馆可提供 200～450 册在架图书供读者借阅，至少可接受存放归还图书 500 册，能够通过系统的网点布局形成网络化布点，辐射较大范围。深圳图书馆、首都图书馆、陕西省图书馆是建设街区 24h 自助图书馆的典型代表。

二、自助图书馆建设是图书馆服务的延伸

（一）自助图书馆建设是实现图书馆现代化的发展要求

随着信息时代的发展，现代科学技术不断进步，图书馆不再仅仅是单纯提供借还服务和阅览场所的建筑，而是发展成为能够满足读者多样化、全方位知识需求的智能化系统。自助图书馆的出现是社会信息技术不断进步、信息时代不断发展的产物，是我国图书馆现代化发展的必然趋势。借助 RFID 等相关技术手段，自助图书馆对传统图书馆的服务模式进行了升级，促进了图书馆功能和服务的创新和拓展延伸；同时，自助图书馆向广大读者提供 24 小时自助服务，相比传统图书馆而言，极大地延长了服务时间。

此外，随着生活节奏的加快，人们的时间观念不断增强，自助图书馆以其方便、快捷等特征为读者节约了大量时间成本，能为读者更好地进行阅读提供更多便利；自助图书馆有助于读者充分利用和安排自身时间，使有限的资源发挥充分的作用。

（二）自助图书馆建设是提升图书馆服务能力的重要举措

随着社会经济的不断发展与物质生活水平的逐步提高，人们对精神文化生活的需求变得日益强烈，在政府大力进行社会主义文化建设倡导下，社会阅读正不断深入人们生活，社会各界正形成一股推动学习、阅读和教育的合力。但我国经济发达地区与经济落后地区教育资源分配不均，各地区基层公共图书馆提供信息资源的能力不均等，图书馆服务范围有限，在一定程度上限制了全民阅读活动的推进与社会主义文化事业的发展。

自助图书馆作为社会主义文化建设的重要内容，不仅能够满足读者多样化、个性化的阅读需求，也有利于城市浓厚文化氛围的形成。同时，借助于先进的计算机技术、网络通信技术等，自助图书馆对基层公共图书馆的功能服务进行了有益拓展，在很大程度上整体

提高了图书馆的服务能力与水平。

（三）自助图书馆建设是建设公共文化服务体系的现实要求

随着图书馆现代化发展进程的加快，公共图书馆作为公共文化服务体系中的重要组成部分，在承担"学习交流""文化超市""休闲娱乐"等方面的作用日益凸显出来。自助图书馆的出现和发展进一步延伸了图书馆的公共文化服务职能，能更好地满足公共文化服务体系建设的现实要求。自助图书馆对图书馆公共文化服务体系的完善、图书馆智能化和自动化水平的提升、图书馆服务时长和服务质量的提高具有重要作用。

目前，我国公共文化服务体系呈现出多元化发展趋势，现代化先进技术促进了图书馆服务功能的延伸并使其朝着多样化的方向发展。自助图书馆的出现使人们能够更方便、快捷地获取知识信息，并享受到多样化的公共文化服务，对我国公共文化服务体系建设、公共文化产品内容及模式创新等方面具有实质性的促进作用。

三、自助图书馆建设的加快策略

针对我国自助图书馆存在地区分布不均、选址有待完善、建设成本高昂、推广效率低下、功能服务不全、文献配置不当等不足，结合我国自助图书馆的实际建设情况，本文在借鉴国内外自助图书馆建设的成功经验基础上，为我国自助图书馆的建设与发展提出相关策略与建议。

（一）优化馆点布局

首先，在确定自助图书馆的布点选址方案前，应明确各布点方案的优缺点。目前自助图书馆最主要的布点选址方式有两种，分别是人流密集区布点与基层社区布点。人流密集区主要是指商业区和交通枢纽，人流量大、人口密度高，但由于面向的社会群体类型较多，难以满足不同读者的多样化阅读需求；基层社区主要是指城市住宅区与农村地区，面向的读者群体特征明显，便于进行针对性的优质服务，但其辐射区域有限，用户数量相对较少。因此，在确定自助图书馆布点选址方案前，应全面考虑到这两种布点方式的特点，充分发挥布点方式的优势，同时配合一定的宣传策略来进行自助图书馆的建设与推广。例如，武汉地铁集团就在2、3、4号地铁线上共设置69个自助图书馆，成为我国首个拥有"书香地铁"的城市，并实现了自助图书馆的"线上+线下"覆盖。

其次，要充分考虑布点选址的环境要求，合理选择配套物流方案。在进行自助图书馆的建设与运营时，应兼顾物流配送成本与服务质量，充分发挥有限资源满足用户需求。武汉市在进行自助图书馆布点选址时，侧重于为新型城镇化区域、新型青年农民工群体和高新企业等提供均等文化信息服务，充分考虑了布点的地理特征和经济特征，弥补了武汉市新兴区域城镇化进程中公共文化建设滞后的短板；深圳则将自助图书馆深入布点到社区当中，并与物流公司达成合作协议，将图书的配备贮存任务交给物流公司，满足了布点图书的书籍暂存需求；沈阳市和平区图书馆根据自身实际情况，将每台机器托管给社区或单位，与托管单位共同对自助图书馆负责，并建立专门服务部门进行管理。

再者，应充分认识到布点选址方案的渐进性和长期性。自助图书馆建设是一个动态的发展过程，人口密集区和基层社区的社会功能均有可能发生变化，应对自助图书馆的布点选址进行长时间考察与修改，与政府、图书馆、公民等进行多方协调。深圳在自助图书馆建设过程中秉承长远发展观，建设了较为完善的自助图书馆网络系统，使馆点服务机、文献资源、物流配送、监控管理等方面得到有效保障，促进了自助图书馆的持续发展和渐进式扩张。此外，在享受自助图书馆相比城市图书馆提供的更便利、更快捷、服务时间更长等优势时，也应认识到自助图书馆在公共空间、休闲娱乐、多重文化教育方面不及城市图书馆，从而辩证地对待自助图书馆与城市图书馆之间的互补性。

最后，政府及相关部门应积极参与到自助图书馆的建设当中。应完善布点申请审核程序和标准，避免自助图书馆在同一布点区域重复建设，严格审核自助图书馆申报资格、进行专家评估，确保布点的合理性，并通过公示公告、舆论监督等方式提高布点知名度，为后续自助图书馆的运营工作及发展趋势奠定良好基础；要充分发挥每个自助图书馆的服务效益、扩大辐射范围，避免各自助图书馆之间距离太近，造成资源浪费；最后，应从宏观角度对自助图书馆的布点进行统筹规划与实施，全面了解用户实际需求，广泛倾听用户反馈意见，充分考虑布点选址的周边环境，如人流密度、交通条件、网络现状、资金投入、地理环境等，重点建设自助图书馆在大商业区、大工业区、大办公区以及住宅区的分布点，还有紧抓汽车站、火车站、机场、地铁等交通枢纽布点，并兼顾人流量大的公共场所及未覆盖的偏远社区。

（二）提升用户体验

首先，图书馆一方面应本着"以人为本"的理念，为读者创建一个舒适、安全、开放的阅读环境，对图书分类和排架布局进行合理安排，避免出现排架混乱、分类不清等问题，方便读者浏览阅读。另外，要对受众实际阅读需要做广泛的调查研究，据此进行自助图书馆的文献资源配置，以及丰富图书资源的种类，然后尽全力去满足尽可能多读者的个性化需求，提高读者的总体满意度。武汉为自助图书馆配置了专门物流人员，根据统计的最受读者欢迎书目及时进行图书补充和更新，且全年无休；北京朝阳区图书馆以人性、便捷、高效地为读者提供阅读服务为目标，致力打造"最后一公里"，并启动"书香朝阳"自助图书馆建设项目。

其次，可在自助图书馆设置办证退证功能，方便读者的借阅管理，尝试探索二代身份证取代借阅证、免押金的借阅模式，提高用户借阅率。如深圳自助图书馆开通各项免费服务，首创"开放、平等、免费"的办馆理念，建立了良好的用户口碑。武汉自助图书馆借阅图书不仅可以使用身份证，还能使用"武汉通"公交卡。完善自助图书馆借阅制度，简化借阅手续，提高自助图书馆设备的易操作性，提高用户借阅效率。引导建立融洽的"人—书"关系，弥补公共图书馆的不足，为广大读者提供更方便、更快捷、更满意的阅读服务和体验，进而促进我国全民阅读进程的开展。

再次，在自助图书馆原有服务基础上，借助增加设置或者改进相应的人工服务，来解决自助图书馆使用服务系统的问题。考虑到24小时人工服务功能的成本较高，可以结合使用计算机技术、网络技术、现代通信技术等，实现图书馆与用户的人机程序对话。另外，可以开通24小时自助图书馆服务热线，为读者提供全天候咨询服务，可以在操作屏上播放介绍自助图书馆使用方法和操作流程的视频，为用户顺利进行图书借阅等提供参考，提高用户服务满意度。

最后，自助图书馆在实际运营过程中，不可避免地会出现一些突发状况，如停电、断网、机器死机等，因此有必要对自助图书馆设备进行定期检查，对自助图书馆反馈系统进行实时监管，及时发现设备运行问题，同时制定突发故障应急预案，以便在发生特殊状况时能够做出快速反应并解决问题。北京市朝阳区坚持客观观察、统计、分析、解决问题的思路，建立了自助图书馆运营管理的"4个机制"，即运维保障机制、文献保障机制、功能完善机制、群众参与机制，有效提高了当地自助图书馆的使用满意度。沈阳市和平区根据当地冬季寒冷等气候特征，因地制宜地对自助图书馆外型进行了改造，通过将雨棚改成30度仰角的斜顶、将雨棚材料整体加厚、将地基加深等，保证了雨雪天气雨棚的安全性，通过装置发热和温控系统，使自助图书馆在东北冬季长时间低温条件下仍能正常运转；在自助图书馆服务发生失误时，主管部门应及时采取补救措施，通过道歉、解释、沟通、替换、折扣、承诺、补偿等手段弥补失误给读者带来的损失，并及时解决造成失误的原因。

（三）扩展服务功能

首先，应对自助图书馆的各种功能进行完善。可在借还、查询等基础的功能之上，增加设置办证、预约借书、新书简介、目录查询、收取滞纳金等功能，对自助图书馆业务进行拓展，如武汉市首创自助图书馆数字资源下载和阅读服务功能。同时，可增设图书馆"送货上门"服务、"互联网+图书馆"下的"团购式"服务；开设自助图书馆微信服务账号，向用户推送图书信息、咨询服务信息等，并实现通过微信来进行续借、充值等，为用户提供方便。

其次，应当加强自助图书馆的技术与研发，增强自助图书馆的实用性，并扩展自助服务的内容、范围和功能。如开发软件为用户提供自助图书馆的定位、自助图书馆书目查询及馆内的服务提示等功能。借助计算机技术、网络技术等的发展，对自助图书馆服务系统进行更新升级，提高服务设备的智能性、易操作性、便利性，利用技术手段实现读者身份验证、资源检索，提供免费 Wi-Fi 服务，增设电子期刊阅览、社区信息服务展示等功能，倡导文明阅读。另外，可以通过自助图书馆向受众投放调查阅读需要的问卷，更有针对性地了解本地区受众的需求。在自助图书馆服务系统中嵌入推荐系统，一方面向读者推荐好书、新书，另一方面可以根据该地区读者的搜索历史、借阅历史得出用户阅读倾向，为自助图书馆资源优化工作提供依据及思路。

最后，自助图书馆在建设和运营的过程中应该做到以人为本，以达到满足读者需求、提供优质服务的目的，体现自助图书馆的人文关怀。对读者进行自助图书馆设备的使用展开相应培训，以提高读者的操作技能，同时也可以和读者多做互动和交流，扩大自助图书馆的影响范围，同时拉近自助图书馆与读者之间的距离。除提供阅读服务外，自助图书馆可向读者提供城市路线、周边旅游景点等小册子，实现服务方式的多元化，并在一定程度上促进城市文化与特色的宣传推广。

（四）加大宣传力度

首先，应紧跟新媒体时代的发展趋势，通过多样化方式展开宣传，开发自助图书馆专题网站进行推广，创建微信公众号和官方微博发布信息，开发手机 App 提供更多便捷服务，武汉已开设 400 服务热线和 24 小时自助图书馆微博，并提供服务介绍、活动通告、在线互动、微博荐书等多种服务；深圳在建设自助图书馆前充分利用媒体进行广泛宣传，实现了自助图书馆建设在时间上的先行性和工作上的示范性，成功吸引了社会各界的关注；可利用 LED 屏播放使用视频，利用媒体、地铁等投放宣传广告，加大宣传手册、操作指南等宣传资料的投放力度，广泛提升馆点知名度，有效提升馆点知晓度，从而提高馆点使用率和自助服务普及率。

其次，为让更多读者熟悉自助图书馆服务系统的操作流程，相关工作人员可组织开展培训、讲座或专项推荐活动，向读者详细讲解自助图书馆的使用操作过程。武汉在举行自助图书馆服务宣传活动方面进行了较大投入,据统计,武汉在 2014 年成功举办了 60 余场大型自助图书馆推广活动,关于自助图书馆的功能、特征、服务等信息遍布街头,使自助图书馆的知晓率、使用率得到了迅速而有效的提升。

最后,可招募社会志愿者、大学生志愿者向中老人读者和儿童读者讲述借阅流程,把自助图书馆的社会公益作用最大程度地发挥出来。通过宣传推广活动,可以更深层次了解客户需求,广泛获取用户体验反馈及改良建议,但是除宣传推广外,还应培养读者爱书护馆的意识,自觉维护公共基础设施,维护自助图书馆的正常运行。

(五) 推进资源共享共建

1. 创新自助图书馆资源的共享共建模式

资源的共享和共建是自助图书馆发展和壮大的最有力途径,不仅仅需要构建出合适的组织架构以及运作流程,还应当明确责任的主体和义务范围,让有限的资源得到更大效用的发挥。创新自助图书馆资源的共享共建模式,首先应探索自助图书馆多方合作共建模式,与企业、社会团体、基层社区图书馆或个人等达成合作协议,共同建设自助图书馆;其次应从资源角度出发,促进管理资源、服务资源、人力物力资源等的共享。

一方面,应制定自助图书馆运营模式的长期规划。自助图书馆的建设以及发展是一个动态的变化过程,所以在扩大自助图书馆的规模时应合理地去规划规模的大小。渐进式的发展,还要借助社会团体的力量对自助图书馆进行共同维护以及运营,探索和试点自助图书馆半外包或全外包运营管理服务模式,采用第三方物流进行配送的方法,实现自助图书馆建设过程中人力、物力资源的共享;一方面,可与社区图书馆联合共建。与社区图书馆进行资源上的共享,并依托社区图书馆进行自助图书馆的管理以及服务,实现自助服务与图书馆服务的共赢,同时实现自助图书馆与公共图书馆的资源共享、管理服务共享,如武汉在离公共图书馆较近的地铁站内建设自助图书馆,实现自助馆与市馆的通力合作和共享共建,使自助馆的建设与市馆的发展相得益彰。最后,政府在自助图书馆资源共享共建中发挥积极作用,做好管辖范围内自助图书馆资源的统筹管理,调动区内或跨区自助图书馆资源的共享和共建。

2. 搭建自助图书馆的文献资源配置平台

自助图书馆的建设发展离不开现代科学技术的进步,深圳早在 20 世纪 80 年代开发研制了 ILAS(图书馆自动化集成)系统,并率先应用 DILAS(数字图书馆应用平台)系统和 RFID(无线射频)技术,成为全国图书馆自动化、数字化事业的引领者。在搭建自助图书馆文献资源配置平台时，应充分利用现代先进的计算机技术、网络通信技术等，从技术角度切入，实现自助图书馆文献资源的智能配置，确保文献种类的齐全性和形式的多样化。自助图书馆资源配置平台，应当包括读者需求调研的系统、图书评价的系统、智能推荐的系统、阅读反馈的系统等服务系统。

  首先，应开发读者需求调研系统。在自助图书馆内向读者定向投放阅读需求调查问卷，深入了解用户需求，分别得出读者最喜爱、最需要的图书种类，为文献资源的合理配置和规划提供参考意见。其次，开发图书评价系统。除借还、查询、续借、预约等功能外，在自助图书馆服务机上增加一个评价功能，使读者可对图书的印刷、包装、内容、质量等方面进行评论，既可以为读者选择图书提供参考，也可为自助图书馆进行文献资源优化提供依据。再者，应开发智能推荐系统。借助现代先进科学技术的发展，利用计算机技术、网络技术等在自助图书馆借阅服务系统中嵌入智能推荐系统，一方面对读者的查询记录、浏览记录、借阅记录进行统计分析和智能计算，得出读者最受欢迎的图书及类型，另一方面可设置推荐书目向读者定向推荐一些畅销书、经典著作等。最后，应完善阅读反馈系统。通过问卷调查、电话回访、邮箱、留言簿、微信留言平台等多种方式，广泛获知读者使用自助图书馆的阅读体验，根据读者意见和建议对馆内文献资源配置方案进行相应的调整和完善，调整文献资源结构和内容，满足读者需求。除此之外，自助图书馆应注重文献资源的循环更新，定期统计分析读者借阅数据，不定期更新藏书类型，紧跟时代发展，准确把握读者需求。

第五节 主题图书馆建设与发展

  无论在欧美国家或中国图书馆领域都在经历裂变和发展创新，图书馆机体的不断生长得到验证。各国图书馆由最初的单体图书馆制正在滋生着分馆和主题馆群落，新型制的主题图书馆正在蓬勃发展并呈现众多的成功案例。纽约公共图书馆系统中就有表演艺术图书馆、黑人文化图书馆、工商图书馆等主题图书馆。韩国首尔公共图书馆系列中有设计图书馆、旅行图书馆、烹饪图书馆等主题图书馆。我国各地也出现一些主题图书馆的探索和实践，如上海时尚产业主题图书馆、温州图书馆的服装图书馆等。其中具有代表性的是杭州图书馆的主题图书馆建设，起步较早、规模较大，创建了一条中国特色的公共图书馆发展道路，推动图书馆体系不断拓展，服务质量不断提升。主题图书馆是图书馆事业发展的产物，是对大型综合性图书馆的一种有益补充，具有不可替代的重要作用。

一、主题图书馆建设的时代背景

欧洲中世纪以收藏神学图书为主的修道院图书馆，可算是较早的主题图书馆。到20世纪初，由于科学研究的细化，各类专业和专门图书馆得到较大发展。1909年美国成立了专门图书馆协会，1924年英国也成立了专门图书馆和情报机构协会。进入21世纪，在建设文化强国的时代背景下，主题图书馆不断在中国大地上出现，无疑是建设文化强国的时代背景所催生。

一是国家文化建设的需要。2012年，在党的十八大报告中公共文化服务的效能提升问题被提上议程，提出要在公共文化服务体系建设中统筹考虑群众的基本文化需求和多样化文化需求，推动公共文化服务向优质服务转变。"十三五"期间，以县级文化馆、图书馆为中心推进总分馆制建设，实现农村、城市社区公共文化服务资源整合和互联互通，打造一批专业化服务水平较高的公共图书馆。2018年组建文化和旅游部，形成多部门联合推动文化与旅游融合发展的格局，助推两大产业转型升级。同时为民族文化的发展传承塑造充满活力的产业新形态，挖掘多层次文化内涵，拓展文化市场空间，促进文化消费与文化传播，主题图书馆不断得到发展。

二是公众文化生活的需要。随着物质生活的日益改善，人民群众对精神文化消费提出了更高要求，这种要求不仅是数量上的增加，更是质量上的提高。面对更广泛的服务群体和多层次的服务需求，图书馆的工作需要应需而变，不断创新，以便更好地满足读者的文献需求和文化生活的需求。

三是图书馆事业发展的需要。经济的发展推动了图书馆事业的进步，也成为图书馆不断创新服务方式的动力源泉。主题图书馆作为综合性图书馆的补充，能弥补综合性图书馆在服务对象、文献资源、服务内容、服务方式等方面同质化的缺陷，是图书馆服务体系的重要组成部分。主题图书馆建设是图书馆提供多样化服务和产品的重要手段。

二、主题图书馆建设的模式与特点

（一）主题图书馆建设的主要模式

目前主题图书馆主要有以下五种建设模式：

1. "馆中馆"模式

即在图书馆馆内设立主题图书馆。在图书馆转型发展中，很多图书馆将主题藏书集中在馆内一个区域，增设主题专区，称作"馆中馆"。这种主题馆中馆是以地方人物或以各种特色主题建设的模式出现，如东莞图书馆的"粤剧图书馆"等，既发展了地域文献和特色文献，又形成了主题图书馆。馆中馆模式是改造馆内主题藏书或专题文献阅览室而成，无需投入大量经费；在同一馆舍内的统一管理，相对方便容易；相当于一个服务项目齐全的主题阅览室。该模式主要是集中某种特色主题文献资源，实行主题文献搜集管理，开展主题信息服务，在图书馆的统一工作范围就能实现。这是各类型图书馆功能优化特别是空间再造所广泛采用的一种方式。

2. "馆外馆"模式

即在图书馆总馆外的某地设立相对独立的主题图书馆。在图书馆总分馆建设思想指导下，各地公共图书馆根据地域文化特点和文献资源需求而布局。如杭州图书馆建设的"城市学分馆"主题图书馆，以城市学为馆藏特色，以"城市书房""专题书房""特色专架"为主要展示载体。陕西省图书馆建设的"艺校分馆""西安监狱分馆""未成年犯管教所青少年分馆"等20余所主题分馆，构成了覆盖西安市区的公共图书馆服务体系，极大地拓展了省图书馆的服务范围。该模式比较馆中馆模式而言，在馆外选址、资金投入、馆舍空间、主题资源和管理服务等方面均存在一定难度，尤其是受众群体是否接受某种主题，都成为馆外馆建设的制约因素。

3. "独立馆"模式

即单独的、关系上不依附、不隶属于某大型总馆，独立建设和独立运行的主题图书馆。其思路是依托地域文化特色主题建设新图书馆，宣扬本土特色文化精神。如上海浦东新区建设的"傅雷图书馆"。该馆是由周浦镇政府投资建设的新馆，选址以傅雷旧居为地标，全面宣扬傅雷文化，聚焦传承傅雷精神成为图书馆的主题，成为收藏傅雷文献资源、阅读傅雷作品、感受傅雷魅力、传承傅雷精神的重要场馆。管理服务由"大隐书局"外包公司策划运营，采用理事会领导、社会化运营的体制，强化运营的专业性、服务的人性化。并组建周浦傅雷研究专家库，创立傅雷文化研究专项资金，建立傅雷文化国际交流平台等。无论建设特质、主题特色还是管理运营，均走出了创新之路，是主题图书馆体系中不可或缺的一种模式。

4. "多元合作"模式

多元融合是指图书馆与文化机构、企事业单位等各种社会力量合作，利用多方资源互补集成服务，旨在提高全民阅读服务的规模与质量，履行公共文化服务的覆盖与普及保障作用。包括"公共图书馆+公共图书馆""公共图书馆+企业""公共图书馆+研究机构""图书馆+书店""图书馆+博物馆""高校图书馆+公共图书馆""高校图书馆+书店"等界内或跨界融合。如深圳大学城图书馆、宁波北仑图书馆、河南科技大学图书馆、大庆石油大学图书馆等，都是高校图书馆与公共图书馆或其他图书馆融合的案例。此类合作为数不少，但合作建设的内容及深度存在很大差异，有局部整合、特色共建、先合后分等。无论建设模式如何，只要能发挥图书馆的主题服务功能和阅读效益，就对全民阅读有实际贡献。

5. "全面融合"模式

近年图书馆界的融合建设不断向深度和广度延伸，从同类型图书馆单纯的联合目录、馆际互借、资源共建共享走向图书馆之间的全面合作建设，是合作双方在服务理念、资源建设、信息服务等的全面合作。2012年，厦门市图书馆与华厦学院共同建立的"华厦学院分馆"开馆。华厦学院图书馆与厦门市图书馆总馆及各区图书馆联网，实行统一操作平台、统一读者管理、全市通借通还，向华厦学院图书馆读者开放所有数字资源，是较早的公共图书馆与高校图书馆全面融合的共建模式，不仅使公共图书馆的社会服务范围得到延伸与拓展，也让高校师生及时享用公共图书馆丰富的文献资源。

（二）主题图书馆的特点及功能分析

主题图书馆模式的特点为：①专业馆藏丰富。全面系统地收集某一或数个专业、门类、领域的文献信息，在特定领域专藏确定、内容组织、服务对象、活动推广等方面，更具有专指性、直观性和灵活性。②服务群体广泛。主题图书馆的服务是满足人们对专业知识和信息的需求，是为社会所有民众提供服务。③服务内涵多元。主题图书馆在满足普通读者需求的同时，也要满足专业读者的需求，呈现服务方式的多样性，各类型图书馆的服务内容均适用于主题图书馆。④建制形态灵活。主题图书馆适用于独立建制、总分馆建制或图书馆中的主题阅览服务区。⑤服务能力精准。由于是围绕某个主题进行文献信息资源服务，馆员必须了解、掌握馆藏特点并具备专业知识才能有效地开展读者服务。主题图书馆建设为图书馆提供了新的发展平台，成为图书馆事业发展的新阶段。

主题图书馆功能特色主要包括：①主题化特色，图书馆所有活动都是围绕主题而开展。②社会化特色，图书馆的建设与活动均与社会相结合。③个性化特色，图书馆在功能设计、空间布局、资源建设、服务活动等方面都体现出个性。④体验化特色，图书馆本身具有体验功能，阅读体验与主题化系列体验。⑤品质化特色，主题图书馆收藏集中，空间雅致，服务专深，管理精细，提供高品质的专门服务。

三、主题图书馆建设存在的问题与对策

（一）强化服务理念，远离商业目的

主题图书馆建设由于有社会各界力量参与，为实现共建共赢不可避免地出现一定程度的商业色彩，这是主题图书馆建设避讳的问题。[①] 在主题图书馆建设中首先应关注文化强国、社会环境、滋养民众和服务创新的需要，再根据地域文化特色、馆藏优势、受众目标和资源条件等科学选择主题，考虑本馆实际条件确定建设模式。无论何种模式图书馆，都要扩大新文化视野，升级打造文化阵地，把传承民族文化、打造城市文化、弘扬民族精神、高扬爱国主义、发展社会主义文化、建设文化强国的使命，作为图书馆事业发展的永恒理念。吸纳社会资金投入图书馆建设，必须远离追求商业价值目的，以公共文化服务为核心价值，商业价值突出必定弱化图书馆的核心服务功能，避免主题图书馆偏重商业价值而忽略文化传承价值。

（二）重视人财物的持续投入保障

目前主题图书馆的建设以原有县区、社区图书馆为基础，管理主体从属于省、市、县、区各级政府，多级管理单元会造成总分馆建设内部事务运行的不便利性，人财物的持续投入缺乏主体保障，难以实现人员和经费管理的统一。故图书馆要与各级政府部门配合，由政府根据街区人口分布、街道产业特点来规划设计，建设贴近市民和具有品牌连锁效应的中小型主题图书馆群，由当地政府单一承担建设主体，打造政府主导规划的社区专业化建馆路径，由政府来确保主题图书馆在人财物方面的持续投入保障。如果实行多级管理，无人负责持续投入，恐怕已建的图书馆也难以为继。

（三）健全完善读者服务治理机制

主题图书馆应注重健全完善治理机制，依托制度法规的约束和控制为图书馆运行保驾护航。主题图书馆建设模式多元，既有政府为建设主体，也有中心馆为建设主体，还有协同社会力量共同建设；主题图书馆强调主题化、个性化和特色化服务，但如果没有相应的制度法规和标准规范，主题图书馆的建设目标、资源配置、服务功能、服务效果等就缺乏

---

① 张瑶，王宇，王磊. 主题图书馆建设现状、模式与未来发展策略探索 [J]. 图书情报工作, 2021, 65 (17): 69-78.

有力的指导、规范和约束。服务是基础,管理是根本,制度是保证。管理制度法规、规范业务技能标准不可或缺"依法治馆"是图书馆管理能力的最高境界,是图书馆走向高质量发展的手段和路径。

(四) 不断加强技术赋能提高服务质量

主题图书馆文献信息服务的专业性特征,需要有高素质专业人才支撑,其馆员既要有图书馆学知识和相关主题知识,同时,也要重视馆员现代化技术的提升,将新技术赋予馆员,增强馆员的技术能力,通过技术作用于现在的工作,提升工作效率和质量,从而产生更好效果,才能提供高质量、深层次的主题信息服务。因此,主题图书馆专业馆员队伍建设至关重要,馆员技术能力的提升是提高主题图书馆软实力的保障。避免只注重建设主题图书馆的物理馆舍,而忽略配置专业馆员,甚至将服务工作外包某公司的做法都不足取,完全违背了主题图书馆建设的初心。

四、主题图书馆的未来发展

(一) 成功的构建模式可以再造和复制

如今主题图书馆已在上海、杭州、广州等地形成,各种模式已形成了样板和品牌,为主题图书馆在不同地区再造和复制提供了可选择参考的路径。复制建设可以是全面或部分,主要包括:地域布局思路、资金筹集方式、主题内容选择、服务管理模式等。如上海市闵行区的"非物质文化遗产主题图书馆",赣州市图书馆的"赣南非遗主题图书馆"等主题相同。但因各地文化差异较大,不是所有模式都有复制价值,选择复制的样板一定是成功、有生命力、接地气,且未来发展潜力较大的。同时必须切合实际,关注和尊重本土历史文化,实现专业化、主题化和本土化的有机结合,适合本土才能落地生根。此外,在复制优秀模式时,也要总结其服务创新的激情和所经历的困难,才能少走弯路,走出图书馆新服务体系的成功之路。

(二) 优选地域集群化管理体系

各地在规划布局分馆体系时必须进行调查论证,考虑地理布局,找准个馆的特色。主题要凸显本地文化特点,满足当地市民精神文化需求,地理位置方便读者等条件。同时要结合总馆主题文献馆藏基础,专业馆员团队质量,以及合作对象的确定等要素,采取复制或创新相结合。杭州图书馆运行的 26 个主题分馆已形成了较好的总分馆服务体系,经验证明，地域化、集群化和主题化的构建管理体系是优选，其优势在于地域、合作、主题、统筹等科学结合，构成了主题图书馆的总分馆体系。主题分馆服务运行的业务流、信息流、读者流，流动的是一个图书馆的核心价值和服务理念，体现的是主题图书馆这个"活性整体"的创意和行为方式，只有建立在科学论证基础上的决策，才能形成新颖的融合力，激发强大的作用力，推进持续的文化创新力。

（三）积极探索跨界融合的路径

跨界融合建设已成为一种发展趋势，主题图书馆建设也应在跨界融合上进行开拓。建设分馆除了接受主管单位、当地政府、社区等投入和支持外，要寻求与各行各业开展合作，引入合作建馆伙伴。如北京石景山区图书馆与北京冬奥组委合作建立了"冬奥主题图书馆"等。合作双方围绕建设目标，实行要素匹配，优势整合，展示各方资源优势以及利益需求的共通点，强调协同效应和资源优势利益最大化。杭州图书馆提出了跨界融合的经验，无论合作方是大手笔还是小尝试，只要有利于分馆建设和公共文化事业的发展，均有合作的价值。跨界融合是发展趋势也是动力，事关未来各地主题馆建设和可持续发展的重要课题，唯有不断探索、顺势而为、积极尝试，方能在分馆建设竞争格局中谋得发展契机。

（四）选择具有地标性的图书馆主题

主题决定图书馆的布点与建设，公共图书馆选择分馆主题，应结合地域特色、受众群体和文化布局来思考主题：①产业特色主题。为本地产业提供系列服务的主题图书馆，如温州鞋都图书馆等。②地域文化主题。助力本地振兴发展的主题图书馆，如云南普洱茶文化图书馆等。③文化热点主题。结合国家地区文化热点构建图书馆主题，如嘉兴红船·中心书苑主题馆等。高校图书馆选择建设主题分馆，要紧紧围绕学校培养目标专业建设选择；根据本馆收藏文献资源特色取材确定；结合社会文化建设目标需要确定。

主题图书馆是聚集主题资源的文化综合体：一要选择专业设置、读者环境，具有广度、深度和黏度的社会化；二要坚持读者概念，吸引读者参与，滋养读者的文化精神；三要提供更专业、深入的主题信息服务，满足特殊用户需求的个性化；四要逐步缩小差距，校内外人人都可利用图书馆，享受机会均等化；五要以智慧图书馆的管理服务理念，推进现代全媒体技术应用。

（五）深化创新主题文献资源服务

主题图书馆建设能让读者满意，证明主题选择是正确的。它是由规划、选题、建设、管理、服务等多种要素聚合而成，其中文献资源建设的深化与创新是诸多要素的核心。深化是指在本馆已有专业文献资源基础上，大力征集和采进主题文献资源，尽可能将印刷型、缩微型、电子型、音像型等多样化文献资源搜罗殆尽。创新是指文献信息服务手段创优创新，当一种服务内容已被别人开展得很优秀的时候，那么就应该另辟蹊径，创意新颖独特的服务内容，做到深入极致。此外，要将实体资源与虚拟资源并重建设，两者应得到同等重视。只有汇聚丰富、优质、超越的主题纸质文献和电子信息资源，才能突显出主题的特征；只有提供专业、深入、精细的主题多样化服务，才能成为名副其实的主题图书馆和主题文化高地，促进主题图书馆一体化发展富有鲜明的特色、深厚的底色和耀眼的亮色。

第三章 图书馆信息资源建设的思考

第一节 信息资源建设概述

一、信息资源与信息资源建设的概念

(一) 信息资源的概念

"信息资源"(Information Resources)是一个具有丰富内涵的术语,是信息概念与资源概念交互衍生而成的新概念,这一概念目前还处于不断发展和完善的过程之中。"信息资源"一词最早见于奥罗尔科(J. O. Rourke)的《加拿大的信息资源》一文,该文刊载于《专业图书馆》(Special Library)1970年第61卷第2期。随后,"信息资源"的研究逐渐成为图书馆学研究的热点。但时至今日,无论是国内还是国外,对"信息资源"这一概念的认识都还未达成共识。某些研究者认为,信息资源可与文献资源划等号;另一些研究者认为,信息资源等价于数据信息;还有的研究者认为,信息资源是指多种媒介和形式的信息;更有部分研究者提出,信息资源应定义为信息活动中各种要素的总称,包括信息、设备、技术和人等。

综合国内外目前比较流行的观点,大体上可归为两类:一类是狭义的理解,即从信息本体出发,认为信息资源是经过人类选取、组织、序化并大量积累的有用信息的集合。该类观点集中强调了信息要素在信息资源定义中的核心地位,但忽略了信息本体之外的相关要素。另一种是广义的理解,认为信息资源是指人类社会活动中所积累的信息,以及创造信息的生产者和相关信息技术的集合。这类观点强调了信息资源除信息内容本身外,还应包括与其紧密相联的信息设备、信息人员、信息系统、信息网络等要素。[1]

---

[1] 曹作华. 图书馆信息资源建设与评价 [M]. 徐州:中国矿业大学出版社, 2003:4.

从对图书馆信息资源建设实用的角度出发，笔者在本书中对信息资源取狭义理解，即信息资源是在人类信息活动中产生的，并经过人为收集、组织、加工、存储、转换等过程而形成的可利用的信息集合。这种理解和定义，能从五个方面突出信息资源的属性，较完整地揭示信息资源的内涵与外延。首先，信息资源必须是信息的"集合"，信息是信息资源的源泉，而这个"集合"还必须达到一定的丰度和凝聚度，才能称其为"资源"；第二，信息资源是有选择性的，是依据需要而选择的部分信息，排除了不实用的、无效的或未被选择的那部分信息；第三，"可利用性"是一切资源的本质属性，因此信息资源是可利用的或能与社会需求相匹配的那部分信息的集合；第四，信息资源是必须经过组织和序化，并能提供广泛交流和普遍获取的有序流动的信息集合；第五，信息资源是通过人类的一系列认识和创造而形成的，人作为认识主体是信息资源的生产者和利用者。上述五方面属性，同样也是信息资源不同于其他资源成因的重要表征。

（二）信息资源建设的概念

与信息资源相似，信息资源建设是"信息资源"与"建设"的集合概念，本身具有明显的复合性、多维性和不确定性。在这个复杂的建设体系中，每个组成部分都有自己具体的特点、要求和问题。由于对信息资源认识上的模糊性，也导致了在对信息资源建设概念认识上的不确定性。目前，不论是理论界还是实际工作部门，在表述信息资源建设概念时经常会出现称谓混乱、概念混用的现象，如有的称"文献资源建设"，有的称"文献信息资源建设"，有的称"馆藏建设"，有的称"馆藏发展"，有的称"信息资源建设"。由于理论概念上的不统一，影响了信息资源建设工作的深入，这也是当前妨碍图书馆信息资源建设理论提高的原因之一。

依据对信息资源的上述讨论，参照一些专家学者的认识观点。本书认为，应将信息资源建设定义为：信息资源建设就是图书情报部门根据特定的目的和任务，通过规划协调、将社会文献信息予以选择收集、组织管理，形成具有特定保障能力的信息资源体系，以满足本单位读者和整个社会用户的信息需求的全部活动与过程。简言之，信息资源建设的实质，就是信息资源数量不断增加和质量不断提高的过程。

二、信息资源的类别划分

关于信息资源类别的划分，目前还没有固定的标准。人们分析问题的角度不同，其分类结果也就不一样。符福桓在其主编的《信息资源学》（1997）一书中，对现行广义和狭义的信息资源分类进行了详细总结和讨论。

从广义上来看：按信息资源的组成与内在关系，分为元信息资源、本信息资源、表信息资源；按信息资源的实虚形态，分为有形信息资源和无形信息资源；按信息资源的空间分布范围，分为国际信息资源、国家信息资源、地区信息资源、单位信息资源。狭义的信息资源分类有：按信息资源的加工程度，分为一次信息资源、二次信息资源、三次信息资源；按信息资源的管理和开发程度，分为记录型信息资源、实物型信息资源、智力型信息资源以及零次信息资源；按信息与人的感官的相互作用方式，分为视觉信息资源、听觉信息资源、视听信息资源和触觉信息资源；按信息传递的范围，分为公开信息资源、半公开信息资源、非公开信息资源。

另外，还可按信息资源的内容，分为科技信息资源、金融信息资源、教育文化信息资源和政治法规信息资源；按信息资源的存储方式，分为纸介质信息资源、光电介质信息资源、网络信息资源；按信息资源的传播途径，分为口头交流传播的信息资源、文字交流型信息资源、网络传输型信息资源；按对信息资源的开发利用程度，分为潜在信息资源与现实信息资源等。

上述关于信息资源划分的多种标准和方案，为我们认识信息资源提供了多种入口。从便于图书馆信息资源采集和组织管理的角度考虑，参考上述专家学者的研究成果，本书将信息资源以其存储方式（即载体形式）来划分类型，所以信息资源可分为人体载体信息资源、纸介质信息资源、磁介质和光介质信息资源、网络化信息资源、其他载体信息资源五种存储类型。由于图书馆馆藏一般不涉及以人体为载体的信息资源（如口头交流的信息资源和体态表述的信息资源）和其他载体类信息资源（如产品、样机、模型、雕塑等天然实物和人工实物介质为载体的信息资源），故本书对此将不详细讨论。

纸介质信息资源，是以印刷型文献为主体，包括图书、报刊、特种文献资料（如科技报告、政府出版物、会议文献、学位论文、专利文献、技术标准等）、档案、舆图、图片、乐谱等文献类型。

磁介质、光电介质信息资源，是以数据存储为记录方式、以磁介质、光电介质作为载体的信息资源，如缩微型、机读型和声像型信息资源，其中缩微型又可细分为缩微胶片、缩微胶卷、缩微卡片等；机读型可分为磁带、磁盘、光盘等；声象型可分为视觉资料、听觉资料、视听资料等，如唱片、录音带、录像带、电影胶片（卷）、幻灯片等。

网络化信息资源，即通过计算机终端与通信网络而获取的信息资源。虽然这部分资源也是以数据存储为记录方式，以光电介质作为传输介质，但无确切的实体形态，是只能依附网络的虚幻空间而存在的虚体资源。该类资源具有信息量大、动态更新快、传输效率高、获取方便快捷且不受时间、空间和多用户限制等优点，但也具有信息发布自由、流动范围广、质量控制难度大等特征，是图书馆信息资源建设的新对象，也是重点对象。所以，通常又依据信息资源的组织管理程度，细分为网络数据库资源和网络信息资源两大类。其中，网络数据库资源根据其维护和使用权限还可细分为永久保存型资源、镜像服务型资源、网络服务型资源、链接存取型资源。

永久保存型资源，如馆藏书目数据库、馆藏数字化全文数据库、自建的特色与专题数据库等，从内容的取舍、组建到数据库的维护和存取都由本馆负责，本馆具有全部所有权，并提供全方位的检阅和存取服务。

镜像服务型资源，如国内外一些大型的数据库等，通过镜像的形式拷贝到图书馆内的服务器上供读者检阅和存取。尽管这类资源的保存和维护责任并不由使用馆承担，但它使用起来就如同本馆馆藏资源一样方便快捷，而且不受时间、空间和多用户的限制，大大支持了馆藏的发展。

网络服务型资源，如远程数据库，存放在远程服务器上，并由其他机构负责管理和维护，使用馆通过谈判或协商取得对该资源的存取权限，并在本馆网页上设置连接点，点击接点登录该资源库。这类资源本馆只有使用权，在使用的过程中需定期支付一定的使用经费。

链接存取型资源，如Internet上各类免费使用的数据库资源，可以是保存或寄居在Internet的某一位置，图书馆只是通过捕获和筛选，在本馆组织资源导航链接便可以提供存取服务。这类资源一般无确切的边界，具有流动性、临时性的特征，图书馆对其内容也无控制权限，但也起到丰富馆藏的积极作用。

另外，Internet上还存在着大量自由发布的杂乱无序的信息资源，以及由组织形态但非正式出版系统所发布的信息资源。这类资源容量巨大，质量良莠不一，筛选难度大，很难形成体系，目前对其组织管理还处在探索性研究阶段。

图书馆信息资源建设不仅涉及多渠道、多载体、多类型信息资源的采集和入藏，也涉及各种资源的组织、整合与开发。所以，为了便于从信息加工和整合的角度来认识馆藏信息资源，又可将图书馆信息资源分别归入一次、二次、三次信息资源。一次信息资源是指在研究或创造活动中产生和形成的、未经过组织加工的原创性文献信息资源，如图书、期刊、会议文献、学位论文、专利文献、电子书刊数据库等。二次信息资源是在原创性文献信息资源的基础上加工整理而形成的信息资源，如文摘、索引、书目文献以及由这些文献所形成的数据库等。三次信息资源是指通过二次文献信息提供的线索，对某一范围内的一次信息进行分析、研究、加工生成的具有综合和论评性质的第三层次的信息资源，如综述、专题情报研究报告、百科全书、年鉴、指南、词典以及相应的数据库等。目前，图书馆正在积极创建的学科信息导航库,资源整合所形成的知识性数据库等都应归属于三次信息资源。

三、信息资源建设的多维性特征

在信息技术高速发展的今天,信息服务的多样化、资源形式的日新月异以及资源利用的多维性,使得图书馆信息资源建设实践在网络信息的多维空间中时刻都在寻求与社会需求同步匹配的坐标。在此动态发展过程中,信息资源建设本身也呈现出明显的多维性特征,表现为信息来源多维性、信息资源配置多维性、馆藏结构多维性、信息资源建设面向对象的多维性。

(一)信息来源的多维性

信息网络技术的进步,加之我国改革开放的发展,促使我国图书、期刊、电子出版物、数据库资源等各种媒体的出版发行业空前繁荣,各类书商(包括新华书店、集体或个体的图书发行公司),以及以电子商务为销售形式的网上书店大量涌现,使图书馆面对的文献信息来源不再只是全国性或省级(正规渠道来源)的有形文献书目信息,而是众多的(包括正规的和非正规的)媒体出版发行商的信息源,同时还要了解网络出版发行信息。

信息来源的繁荣与丰富,为图书馆信息资源建设提供了广阔的采集空间。但是,激烈的市场竞争和出版发行渠道的某些混乱,以及价格的无序浮动,也给文献信息资源的采集带来某些负面影响。信息源渠道呈现多维性,信息内容也存在良莠混杂现象,对于馆藏文献信息的筛选和融合以及订购方案的决策带来相当难度。

(二)信息资源配置的多维性

信息环境的优化,逐渐消除了信息资源利用的各种条件障碍,大大强化了信息资源综合配置的作用和意义。图书馆信息资源配置的基本环境也发生了很大变化,相对稳定的被动"拥有型"文献资源结构体系,已无法充分满足用户多样性和个性化服务的需求,并在图书馆馆藏中逐渐失去一统的地位,成为馆藏资源结构体系中的一个组成部分。馆藏资源配置方式已由绝对"拥有型"转向"拥有"与"存取"并重、实体配置与虚拟配置并重、流动信息与物化信息共存的局面。

对于传统文献信息资源的配置管理,仍然强调有明确的时间与空间边界,在馆藏组织中仍然以拥有文献信息资源为前提(即所有权的拥有),其用户在文献信息利用时将受到服务时间、服务空间及其所处地理位置等条件的限制。与传统文献信息资源相比,网络信息资源配置（包括镜像服务型资源、网络服务型资源、获取数据库的联机访问权的链接服务型资源、Internet 信息资源）的时间与空间边界趋于模糊，信息服务与信息利用具有方便、快捷、适时的特点，很受用户的青睐。

网络信息资源又可根据可获得性特征分为两大类：一类是购买了使用权的商用网络数据库资源，该类资源是目前网络存取的重点资源，资源的有效配置起到了丰富和外延馆藏的作用；另一类是 Internet 信息资源的配置，可谓一个巨大的免费信息资源仓库，但目前还没有真正形成一个高效有序的信息空间，其信息资源的配置则是以用户信息需求为基本组织依据，信息源的更替消亡和跟踪掌握都带有随机性，信息资源的组织与集成，随着信息流的动态发展也具有很大的自由性和任意性，信息资源的可利用程度往往依赖于信息组配人员的能力和对网络信息资源的研究深度。

这种信息所有权与信息使用权之间的分离，静态馆藏拥有与分布式信息动态存取的统一，以及信息资源管理时空边界的清晰与模糊之别，使各类信息资源配置表现出不同的个性特点，也决定了其配置策略的多维性和复杂性，导致馆藏信息资源的配置对象、配置方法和配置手段也相应地呈现出多维结构特征。虽然，以"存取"为核心的信息资源配置模式将逐步成为主流，数字图书馆成为未来图书馆的发展方向，但在相当长时间内将是实体加虚拟的馆藏，以及实体加虚拟的服务并存的复合结构模式。所以，如何认识信息资源配置的多维性和集成化特征，如何提高复合型信息资源配置的相对质量，将是一个值得深入研究的课题。

（三）馆藏结构的多维性

图书馆馆藏不再只是一个实体概念，馆藏资源的完整含义已变成"实体资源+虚拟资源"，因此馆藏结构也就趋于向多维发展。首先，馆藏载体类型呈现出多元化，有传统的纸质文献资源，也有包括光盘、磁盘、磁带等实体形式的电子出版物，还有以虚拟形式存在的网络化信息资源。第二，信息形成方式呈现出多样性，印刷型、视听型、机读型、光介质型和网络型五种类型文献资源同时并存。第三，文献加工程度具有较强的层次性，一次文献、二次文献、三次文献平分秋色。

实体馆藏文献资源都要经过订购、编目、加工、典藏等一系列过程，然后进入长期保存和阅览阶段，这些资源都具有永久性保存和阅览的权限。数字化网络资源则完全打破了传统的收藏框架，以多种形式呈现于读者，既有永久保存型资源，又有短期保存的流动性资源，如镜像数据库型资源、网络数据库型资源及连接存取型资源等。它们的收藏级别和存取方式均不相同，阅览服务的程度也有所区别。新型载体资源具有的各种优势，使它们在馆藏中的比重越来越大，越来越受到读者的青睐。此外，还有借助于网络交流平台而存取的馆际共享资源，如各馆的馆藏书目数据库、馆藏信息指引库、馆藏特色文献库等，均被纳入共享范围，其存取时滞几乎为零，这类资源目前已为馆藏信息资源保障能力提供了有力的支撑。由此可见，"馆藏"的含义已被扩展和深化，图书馆的"实体"形态正在变得模糊，图书馆的"独立性"正趋向淡化。

馆藏结构是图书馆馆藏建设的核心。传统图书馆馆藏结构的研究是建立在单一载体的基础之上，它主要是根据用户需求而解决不同文献品种的布局问题，从而形成文献收藏的等级结构说，主要包括对文献收藏的等级结构、学科结构、时间结构、文种结构等要素的研究。在现实情况下，馆藏文献载体的多元化导致复合图书馆概念的提出，要求我们必须考虑以往被忽略的不同载体的布局和利用等问题。这类研究，除了要考虑读者的需求外，还要考虑经济条件、技术条件、人员能力等多种影响因素。无论是文献收藏的等级结构说，还是数字化信息资源的馆藏级别体系，都不能孤立地加以看待，在进行馆藏结构分析时，需要从多角度出发综合考虑馆藏资源的集成结构。

合理的馆藏结构应具备以下特点：有重点、有层次、有特色，紧密围绕本馆的中心任务，体现本馆信息资源建设的主攻方向，实现本馆服务的功能定位。因此，图书馆馆藏结构应是一种多维立体结构，其组成要素包括馆藏资源的学科结构、载体结构、层次结构、文献类型结构、文种结构、时间结构等多方面内容。这些结构不仅相互联系，而且相互交叉和相互渗透。这种多维的构成要素或是子结构的不同组合，又构成馆藏的不同组合结构，同时使图书馆信息资源体系得以具体化、明确化，并在现有馆藏、经济、技术条件基础上实现多种载体文献信息的完美结合。

（四）信息资源建设面向对象的多维性

传统图书馆的馆藏建设对象单一，主要针对实体文献展开筛选、订购、编目、加工、典藏等系列工作，其建设的实质在于解决不同文献品种的合理布局和有序流动。在网络信息环境下，除了面向传统的文献资源建设外，还要兼顾数字化资源建设、共享化资源的协调与共建、整个馆藏的整合与开发等各个方面。如果说传统的馆藏建设对象为一对一的线性分布，那么现行信息资源建设对象则呈多向性的网状分布，建设过程也具有多维性的特征。网络型的信息资源建设，包括镜像数据库、网络数据库、链接服务型资源等数字化网络资源的建设，完全打破了传统的文献收藏框架。它注重网络信息资源的采集、分类、组织、管理、开发、保存与导航等，建设的目的在于实现网络信息资源的有序组织、无缝链接、存取便捷、高效利用，实现网络信息资源与传统信息资源的协调、网络信息资源的整体共建与共享等。这种建设，面向的是一种前所未有的模式，需要全新的思维方式和理论方法作为指导。

面向整个馆藏的整合与开发也正在成为图书馆馆藏建设的重点，建设的实质是如何发展和改造传统图书馆的文献信息资源，如何实现网络信息资源与传统文献信息资源建设的有机结合。这种结合，包括网络信息资源与其他载体文献资源的结合，网络信息资源的采集、处理、存储、组织与传统文献管理的结合，以及网络信息资源开发利用与传统文献信息服务的结合。这些结合的功效，是最大限度地发挥馆藏信息资源的价值，最大程度地满足用户的信息需求，这也是当前图书馆信息资源建设的重要任务。

网络环境下的信息资源建设，比以往所有的馆藏发展模式都更加需要合作。全新状态的网络信息共享平台、全新的信息资源集成格局、全新的信息交流体系，大大强化了资源共享的理念和整体建设的规模效应。面向共享化资源的协调与共建，注重更大范围信息资源的组织与整合，包括特色馆藏资源的数字化建设，多渠道、多载体、异构化信息资源的有机结合，信息资源的高效检索与文献快速传递技术的开发，以及大规模智能化网络信息资源的搜索与知识挖掘等，以实现信息资源的广泛共知与共享。

总之，面向数字化馆藏资源的建设工作，要比传统图书馆的书刊采访、编目作业复杂得多，困难得多。需要图书馆员的跨学科知识和综合技能，也需要图书馆各个部门（而不仅仅局限于采编人员）的共同努力。尤其在网络信息资源建设方面，图书馆信息技术部门以及信息处理、服务部门将发挥越来越重要的作用。在资源共建与共享方面，甚至其他馆从事网上传输和馆际互借的人员，也可看作本馆馆藏建设的一个组成部分。

第二节 图书馆信息资源建设的原则

信息资源建设是由藏书建设、文献资源建设发展而来的，是一项外延更宽广、内涵更深刻、过程更复杂的图书馆建设主体的系统工程。因此，在信息资源建设过程中必须遵循一定的原则。这些原则应是信息资源建设规律的反映、具有新时代的特点，在整个建设过程中具有指导作用的基本准则。

一、信息资源建设的思想性原则

（一）思想性原则的必要性

在图书馆的发展历史中，图书馆通过书刊流通、图书宣传、阅读辅导等，向读者传播社会中占统治地位的意识形态，反映一定阶级的意志和愿望，是为一定的社会制度服务的。图书馆是文献信息资源的中心，是开展思想政治教育的重要阵地。广大读者通过阅读图书馆收集的积极、健康、向上的图书资料、信息数据库资源、网上资源等，陶冶情操，树立正确的世界观、人生观、价值观和形成良好的社会公德。

图书馆从诞生的那一刻起就担负着社会教育功能，是学校教育的有益补充，也是终身教育的最佳场所。教育的变革与发展，使图书馆有机会直接参与教育活动，图书馆的间接教育作用将上升为直接教育作用。随着社会的发展，教育的普及，图书馆肩负社会教育功能的任务更加繁重。

面向21世纪的中国教育改革和发展趋势，全面素质教育的重要性不言而喻。素质教育要求学生思想品德、科学知识、身体素质、心理素质、文化艺术素质、劳动及社会实践能力全面发展。在诸多素质教育的要素中，学生思想品德摆在第一位，这就要求作为教育阵地的图书馆，在信息资源建设中必须始终遵循思想性原则，杜绝宣传反动、淫秽、下流、黄色、阴暗思想的书刊和信息，引导学生在积极、健康的思想氛围中学习。

（二）思想性原则的要求

第一，重视指导性文献的收藏。指导性文献是指对社会主义现代化建设及人们的思想和行为举止具有指导意义的文献。首先，不同类型的图书馆要系统或较系统地收藏马列主义、毛泽东思想的经典著作及党和国家重要领导人的著作。其次，要收藏党和政府制定的方针、政策及法律文献。另外，还要注重收藏指导性文献的导读性读物。

第二，收藏思想健康优秀的文献。在众多的社会科学文献中，有大量思想健康，宣传社会主义道德伦理，宣传正确的世界观、人生观、价值观，崇尚具有健康、美好、和谐、完整的人格，且又具有学术价值和艺术价值的优秀作品，但同时也不乏思想内容平淡，没有多少学术价值、艺术价值和欣赏价值的不良作品。即使在自然科学的文献中，也有学术价值低下，甚至反科学或伪科学的文献。优秀的作品和不良的作品对人们的影响是大为不同的。如一部好的文学和艺术作品，可以震撼人的心灵，陶冶人的思想情操，提高人的思想境界。而一部不良的文学和艺术作品，可以使人颓废，甚至使人误入歧途。因此，图书馆应该收藏有利于提高人们思想水平和科学文化知识的优秀文献。

第三，贯彻"百花齐放，百家争鸣""古为今用，洋为中用"的方针。"百花齐放，百家争鸣"的方针是指不同形式、不同风格流派和学术上的不同学派，应该实行民主讨论和自由辩论，通过讨论、批评和自我批评的方式，弘扬正确、积极、健康的东西，纠正错误、消极和有害的东西。"古为今用，洋为中用"的方针是指对待科学文化事业中的古今中外关系的指导方针，它的主要精神是批判地吸收和继承古今中外的一切文化财富。各类型图书馆要根据各自的具体任务，有目的地收藏与本专业有关的不同形式、不同风格、不同学术流派的古今中外文献。这样图书馆才能向读者提供多方面的学习、继承、借鉴和批判的资料，从另一方面体现了文献信息资源建设的思想性原则。

二、信息资源建设的实用性原则

（一）实用性原则的必要性

实用性原则是指从图书馆实际使用需要出发，规划、选择、收集、整序、组织和管理文献信息资源，以最大限度地满足读者对文献信息的需求。随着计算机技术、网络通信技术在图书馆的应用及虚拟图书馆的出现，一般性的图书馆对文献信息保存的职能日益削弱，更需要加强的是图书馆文献信息的利用职能。

现代图书馆工作的核心是为读者提供文献信息服务。没有读者利用的文献信息，就谈不上为读者提供服务，图书馆也就没有发展的动力。从另一方面说，一般性图书馆提供的文献，即使是本身有很高的价值，但如果不被读者所用，就无价值可言。然而，庞大的藏书规模，丰富的珍本善本，一直是图书馆界所追求和崇尚的目标，"重藏轻用"的传统价值观念还时常困扰着图书馆人。因此，把实用性原则作为文献信息资源建设的原则，就是要图书馆人彻底改变"重藏轻用"的传统观念，在文献信息资源建设中讲求效用，以最大限度地满足读者的文献信息需求。

（二）实用性原则的要求

1. 符合本馆担负的任务需要

各种类型的图书馆、情报机构共同构成了整个国家的图书情报系统。在这个系统内，各图书馆、情报机构所处的地位不同，所发挥的社会职能也不同。而图书馆的社会职能是通过图书馆、情报机构所承担的任务来体现的。这些不同的任务就成为图书馆、情报机构具体开展文献信息资源建设的主要依据之一。按照图书馆、情报机构所承担的不同任务，图书馆的类型可分为：国家图书馆、公共图书馆、高等院校图书馆、科研单位图书馆、各种形式的大众图书馆等。

这些不同类型的图书馆还可以进一步区分，如公共图书馆可分为省级、地市级和县级、区级等综合性公共图书馆；高等院校图书馆可分为综合性大学图书馆、师范院校图书馆、专业院校图书馆等；科研单位图书馆可分为综合性的图书馆，文科、工科等专业性的图书馆等。

各种类型的图书馆由于办馆方针不同，所承担的为社会服务的主要任务也不同，这就要求所建设的藏书体系和藏书结构必须与之相适应。

国家图书馆的主要任务，是为中央和全国的政治、经济、文化、科研服务，应负责收集和保存本国所有重要的出版物。它还担负着国家总书库的职能，要成为本国文献信息资源查询和借阅的基地。为完成国家图书馆的这些任务，其文献信息资源的收集应该是综合而全面的，不仅在学科类型方面包罗万象，而且要涵盖不同的出版形式和不断更新的各种载体。同时，还必须根据科学发展的动态、结合本馆原有的馆藏基础，在较充分地了解读者需求的前提下，有重点、有选择地收集国外的某些文献，使得国家图书馆成为全国综合性的文献信息收藏中心。

省级公共图书馆的任务是为本省的政治、经济、文化、科学发展服务的，它的入藏范围要全面广泛，适用性强，入藏的文献要求有综合性、通用性的特点。省级公共图书馆担负着传递科技情报、进行社会教育、保存本省出版物、为科研和大众服务的多种职能，要胜任多种职能，必须要有相应的综合性藏书体系和藏书结构，才能满足成分复杂、水平参差不齐的读者对文献的不同需求。另外，为了更好地立足于服务本地区，还必须系统地收藏反映本地区历史发展和现实发展的具有地方特点的文献。

地方特点的文献，包括地方文献和地方所需专业文献两个方面。所谓地方文献，是指涉及本地区政治、经济、历史、文化、科学等方面内容的文献资料。地方文献记载着从古至今本地区的历史沿革、经济特点、自然环境、风俗人情、文化古迹等情况，它为研究本地区的历史和现状提供了第一手材料，对发展本地区的经济、文化、科学事业，特别是发挥本地区的优势，具有独特的使用价值。地方文献的范围，一般包括地方史料、地方名人著述及传记和地方出版物。地方史料是指本地区历代方志和内容涉及本地区的著述、专著、论文，散见于报刊上的文章、图片。这是地方文献的基本类型。地方名人著述及传记，指本地区著名的作家、学者、领袖人物、社会活动家、革命先烈、英雄模范等人物的著作与传记资料。地方出版物是指本地区编辑出版的反映本地区特点与成果的有价值文献。所谓地方所需专业文献资料，是指符合本地区经济文化现实需要与长远需要的有关专业学科的文献。

省级公共图书馆要依据本地区的经济建设和科学文化发展需要，确定收藏的范围和重点，形成极富特色的藏书体系和藏书结构，成为地方文献收藏中心，为文献信息资源整体化建设提供良好的基础条件。

高等学校图书馆的主要任务是为学校教学和科学研究服务。这一任务决定了它的藏书必须和本校所设置的专业及其承担的教学、科研任务相适应，因而高校图书馆要系统收集有关专业的教材和教学参考书，重点入藏与学校科研任务有关的文献资料。另外，除了专业学习的需要外，课外读物对学生也是极其重要的，尤其在当前激烈竞争的环境下，社会对复合型人才的需求日益高涨。高校学生在校学习期间，图书馆除必须提供给学生学好自身专业课程的参考资料外，尚需提供大量其他文献来帮助学生增强综合知识素养，提高学生的全面素质。

科学专业图书馆是直接为所属的科研机构服务的。因此，它的服务对象比较单一，读者对文献的需求一般是围绕着研究课题，需求相对稳定和集中。所以专业图书馆的藏书应紧密结合本系统本单位的研究任务和研究方向，重点收藏有关学科和相关学科的国内外期刊及各种特种文献资料，除收藏有关专业的基本理论著作外，还要收藏论述该学科发展历史及有关方法、设备、材料和工艺等方面的文献资料。

2. 符合本馆读者的需求

读者是图书馆的服务对象，图书馆要完成所担负的服务任务，是要通过为读者提供文献信息来实现的。不管是为经济建设、文化建设服务，还是为教学科研服务，都是为了满足不同读者的需求。因此，图书馆的藏书必须和读者的需要相结合。如果图书馆的藏书脱离了读者的实际需要，读者的需求就得不到满足，读者在图书馆找不到所需要的文献信息，图书馆的服务质量就难以得到保证。

各类型图书馆都有自己特定的读者对象，虽然某些专业图书馆的读者对象比较单一，对文献的需求也较单一，但对整个读者群而言，可以从读者对文献需要的角度来划分，把图书馆的读者大体分为几种类型：专家型的读者；求知型的读者；普通消遣型的读者。这些不同需求类型的读者，对文献信息的需求在内容形式方面、文献信息所涉及的范围与重点方面，都有着不同的要求。

三、信息资源建设的系统性原则

藏书的系统性包含两个层面：一是指重点藏书的系统完整，二是馆藏文献的相互联系、有比例、成体系。这两个方面充分反映了图书馆建设有组织、有序列、比例合理的藏书体系。

（一）系统性原则的依据

图书馆藏书是一个由相互作用、相互依赖的若干组成部分结合而成的具有特定功能的有机体，即系统。系统的基本性质之一，就是相互联系、相互作用的关系。它阐明客观世界是一个相互联系的整体，任何一种事物离开了它和周围条件的相互联系与相互作用，就成为毫无意义和不可理解的。系统的相互联系性要求我们在研究事物时，要从整体出发，特别注意系统要素的各种联系，于各种联系中综合考察事物，从而在整体上正确揭示事物的性质和发展规律。系统的相互联系、相互作用性，为我们进行文献信息资源建设提供了理论依据。

图书馆经过长时期积累和不断的科学补充过程，其藏书形成了一个科学的知识体系，这个知识体系反映的学科知识，也在不断地完善和提高，逐步形成为一个完整的学科系统。因此，图书馆的藏书必须遵循系统性原则。文献信息资源建设的系统性原则主要体现在以下几个方面：

其一，文献信息自身的系统性。文献信息自身的系统性表现为文献信息内容的系统性和文献出版的连续性。文献信息内容的系统性是指文献所记录的知识信息内容本身具有系统性。在人类社会不断发展的进程中，伴随着的是人类对各门类学科知识的不断探索、积累和总结。经过不断地创新、发展和提高，逐步形成了各门类学科完整的体系。

其二，用户需求的系统性。利用文献信息资源的用户群是由不同年龄、不同职业、不同文化层次、不同知识结构、不同心理特征的用户组成的。对整个群体而言，他们对文献信息资源的要求和使用，有内在的系统性。这主要表现在各种用户都有特定的需求形式和使用过程，形成具有内在联系的用户群体，从而组成了特定的用户系统。尤其是从事系统学习和系统研究的用户群，更表现出循序渐进的阅读需求和专门深入的参考检索需求，对文献信息的需求更具有系统性。

（二）系统性原则的要求

在文献信息资源建设中，必须根据文献自身的系统性和用户需求的系统性特点与要求，有计划、系统地收藏某些类别的文献。

1. 体现文献内容的完整性和学科之间的内在联系

首先，以服务的重要学科为中心的一些重要文献信息和特藏书刊，要完整系统地收集。各类型图书馆根据主要服务任务和主要用户需要，将某些学科、专业或专题范围的文献作为重点藏书。对这些重点藏书，从纵向系统看，要在内容上保持这些学科内在的历史延续性和完整性，反映出学科发展变化的特点与规律，反映出人的认识从低级到高级的发展过程；从横向系统看，要广泛收集这些学科的各个学派有代表性的专著，及有关评论、重要期刊、主要相关期刊及其他类型的文献信息。此外，图书馆将长期积累的某些类型的珍贵书刊资料作为特藏。对特藏书刊，要保持它们的历史连续性与稳定性。

其次，对已确定收集的与生产、科研、教学直接有关的多卷书、连续出版物及重要工具书，要完整无缺，配套齐全，不能随意中断。这类文献无论是在知识内容还是在出版发行形式方面，都更具有系统性。一旦中断，就会失去其完整性，因而也就失去价值。

最后，要注意各学科之间相互交叉、相互渗透的内在关系。有选择地收集相关学科、边缘学科、新学科的文献信息。这类文献信息涉及学科面广，用户使用面宽，数量大，图书馆应根据需要挑选其中最主要、最有价值的部分入藏，从而形成有主有从、有专有博的馆藏文献信息资源系统。

2. 重点文献与一般文献的合理配置

在馆藏文献信息资源中，既要有重点文献，也要有一般文献。任何图书馆不可能也没有必要去收藏世界上生产的所有文献信息，图书馆只能根据自身的服务对象和客观条件，保证重点文献信息的收藏，同时，也要兼顾一般性文献的选择。

一般性文献指的是相对图书馆所担负的任务来说，那些非重要学科的文献信息，主要包括一些相关学科的文献信息，以及供人们闲暇之余阅读、欣赏、娱乐消遣的文献。这类文献需求量大，且对人们的身心健康起着积极的作用，各种类型的图书馆都应适当收藏。由于这类文献量大庞杂，采访人员一定要精挑细选，有重点地收藏。重点文献与一般文献的合理配置，体现了馆藏文献信息资源的系统性，能满足用户多角度、多方面的需求。

3. 采访工作的计划性和规范化

一个有重点有特色、资源配置合理的文献信息资源系统，是图书馆采访人员长期选择、积累、补充的结果。每一个时期有价值的出版物出版发行周期短，广泛分散，社会需求量大，图书馆必须做好补充计划，抓住时机，及时收集。采访工作的计划性是维持藏书连续性、完整性的关键。另外，一个有重点有特色，资源配置合理的文献信息资源系统，往往需要几年、几十年，甚至上百年有计划、有步骤、科学的补充和调整才能形成，往往不是一个采访人员能够完成的工作。因此，要制定文献信息资源建设的规范模式，对本馆文献信息资源建设的目标、方针、采集原则、标准、范围、重点等，做出书面的规定，使文献信息资源建设有章可循，并保持其连续性和相对的稳定性，不要因采访人员的变换而影响藏书的系统性。

四、信息资源建设的特色化与共享性原则

（一）特色化的基本内涵

何谓特色，特色就是事物所表现的独特风格，是一事物区别于他事物的特征。特色馆

藏是图书馆在长期的文献信息收集过程中，所形成的一种文献信息资源建设的专业化，它主要是指图书馆文献信息库中独具特色的文献信息体系，有时也指文献信息库中全部文献信息体系的特点。在知识激增、信息爆炸、书刊数量增多、价格飞速上涨的今天，一味地追求"大而全""小而全"已不现实，开辟特色馆藏是图书馆文献信息资源建设中重要的组成部分。特色馆藏在图书馆馆藏文献信息资源的建设中占有重要地位，可以说是图书馆馆藏文献信息中的核心馆藏，做好特色馆藏文献的收集、管理与开发工作是图书馆做好文献信息服务保障工作的重要保证。

我国信息资源建设的目标之一就是克服长期以来形成的文献收藏雷同的问题。特色馆藏，是衡量图书馆和各文献收藏单位文献信息资源建设水平的标志之一。图书馆各自的特藏，体现了该图书馆不同于其他图书馆的特色和价值，是图书馆在合作与竞争并存的信息时代更好地生存与发展的重要保障。

随着社会主义市场经济的发展和由此产生的社会变化，传统图书馆模式受到了强烈的冲击。文献经费的削减，文献价格的提高及情报信息的迅速增长，导致图书馆与社会的距离日益加大，为摆脱困境，系统收藏某一学科或主题文献信息的特色图书馆应运而生，这在很大程度上缓解了其自身经费的不足，也为部分读者和用户提供了便利。但是，作为多数图书馆，由于其自身功能及服务对象的制约，无法走特色图书馆之路，其自身馆藏的特色建设就成为求生存、谋发展的最佳选择。

（二）资源共享与特色化馆藏的关系

文献信息资源共享，是指一定范围内的文献信息机构共同纳入一个有组织的网络之中，使之围绕文献信息的收集与利用共同发挥作用的一种工作模式，它能使读者不受时间和空间限制，最大限度地利用已有的文献信息资源。这一工作模式，是随着社会、经济、文化和科技发展应运而生的。随着人类信息化进程的不断加快，文献数量和种类的急剧增长，社会经济文化生活的提高与繁荣，导致了科学研究和人们日常生活对文献信息需求量的增加。与此同时，又由于文献的价格大幅度上涨、图书经费拮据等原因，使得单个图书情报机构根本无法进行"小而全"或"大而全"的藏书建设，人们不得不寻找资源共享的模式，以解决利用文献信息的困难。随着计算机和远程通信技术在信息交流中的广泛运用，依托计算机信息网络，使得资源共享从理论变为现实。今天，只要遵循一定的组织协议，在互惠互利的基础上，人们就能足不出户很方便地利用地球上任何一个地方的信息资源。这无疑是一场利用文献信息资源的革命。

特色化馆藏必须由资源共享作保障，特色化馆藏建设是资源共享的基础，资源共享是图书馆特色馆藏建设的目标和方向。藏书特色化意味着对具体图书馆入藏的学科范围、文献类型等进行有目的的限制。但对一个具体的图书馆来说,无论是在其服务对象上,还是在其用户需求特点上都具有多样性,而馆藏文献信息资源的特色化程度越高,就越不能从广阔的角度和多样化方面为读者提供服务。因此,就必须借助资源共享的工作模式,利用共享的信息资源来弥补本身馆藏某些方面的不足或空白。当然,特色化馆藏又是资源共享的基础,特色化馆藏和资源共享好比是部分与整体的关系,各个具体图书馆特色化的馆藏之和是共享的文献信息资源的一大部分,因为在进行特色化建设和资源共建时,一般要进行资源的合理配置,有计划地分工和协作。没有各馆特色化的馆藏资源,也就没有多少可供共享的文献信息资源。

在市场经济的大环境下,图书馆走特色化建设之路,客观上为全社会的资源共享奠定了基础,主观上可摆脱个体图书馆自身困境,在激烈的市场竞争中占有一席之地,进而谋求更大的发展。从这个意义上讲,资源共享是图书馆特色化建设的目标和方向。

图书馆特色化建设为资源共享奠定了基础,促进了全社会资源共享的进程,在较高程度资源共享环境下,有特色的图书馆有生命力,而毫无特色的图书馆,其生存将受到极大威胁,即社会资源共享程度的提高将进一步促进图书馆特色化建设,可以说,图书馆特色建设与资源共享二者相互促进,共同发展。

(三) 特色化与共享性原则的要求

1. 有效保证特色化馆藏的规模和质量

特色馆藏的关键在于"特色"。以什么样的方向为指导,形成什么样的特色,是建设特色馆藏首先要解决的问题。各图书馆应根据本地政治、经济、社会文化、本身服务的主要对象、本身所具有的某些方面优势及在共建组织计划中的分工,建立自己的特色馆藏。

特色馆藏只有达到一定规模才能产生可观的效益,因此,一定要保证特色馆藏建设的经费,使特色馆藏的数量达到一定的规模。在保证特色馆藏达到一定规模的同时,还要注重提高特色馆藏的质量。

这就要求:①对已经确定为馆藏特色的文献,要尽可能完整系统地收集。②根据自身主要服务任务和重点服务对象配备的某些学科、某些专业或专题的文献(重点藏书),要认真调查研究,使确定的重点藏书符合客观实际,有较强的针对性,并注意其纵向历史的连续性和横向学科的相互联系性。对主要服务任务所对应的专业核心期刊,要慎重选定,一旦确定为专业核心期刊后,就要给予优先保证,系统订购。③应该根据特色馆藏的专业知识梯度,去确定复本的采购量,使有限的资金得到更加合理的利用。对于那些供少数专家学者科研需要的经典，可以少购复本或不购复本，对于那些有一定专业深度但应用广泛的学术著作刊物，可适当多购复本，以满足读者的需要。

2. 加快特色馆藏文献的数字化

图书馆文献信息资源的数字化，为图书馆实现网络化、虚拟化、数字化奠定了坚实的基础，是实现真正意义上的信息资源共享的信息源。在特色馆藏数字化建设中，要注意以下几个问题：

（1）统筹规划，平衡学科分布。图书馆特色馆藏资源的数字化建设应该统一规划和统一建设。各系统图书馆要根据馆藏特色、学科重点和地方经济发展的需要，选择合适的建库目标，进行有计划、有步骤的建设，尽快建立起学科分布平衡、学科种类齐全、形式多样的特色馆藏数字化体系，以实现网上图书馆特色馆藏信息资源的多样化、丰富化。

（2）合作共建，争取经费支持。在建库时，应特别强调共建共享，要求把特色数据库建设纳入国家信息基础设施建设之中，除加大资金投入外，还应制定相应的政策和法规，以激发产业界对特色数据库建设的投资热情，使特色数据库建设通过产业化，吸引更多的资金投入。

（3）规范标准，提高技术水平。我们在建库时，有必要采取恰当的行政性、经济性甚至法治性等措施，严格实施特色馆藏文献信息加工、记录、传递、质量管理、控制等一系列标准化。凡有国家标准的按国家标准执行，没有国家标准，或者国家标准与国际标准不一致的，最好与国际标准接轨执行，以适应国际网络运行环境。另外，对特色馆藏进行数字化时，必须提高数字化技术水平，降低制作成本。

3. 积极建设特色数据库

以社会需求为导向，做好文献信息资源配置。进行调查研究，找准切入点。特色数据库要有针对性，要做到有的放矢，克服盲目，要事先进行调查研究。发挥群体优势，走联合建设之路。图书馆与图书馆之间应打破各自为政的局面，进行合作，实现资源共享，即相互分工，各有重点，并以此为纽带，增强图书馆之间的凝聚力。

五、信息资源建设的经济性原则

（一）经济性原则的依据

文献信息资源建设的核心是文献采集，即对文献信息投资，其实质可以理解为"工程投资"。因为文献信息资源建设本身就是一项系统工程，它是通过投入一定的资金和人力，经文献信息采集、加工及提供使用，再由读者吸取养分转化为知识和技能后实现其经济和社会效益的综合过程。这里的"工程投资"与其他任何工程投资一样，都是以取得一定效益为前提的。

我国政府非常重视文化事业的建设，提出了"科教兴国"的发展战略，逐步加大了对文化事业建设的投资额度。但由于我们国家经济并不发达，整体的经济水平不高，相对于全国14亿多人口的实际需要来说，国家对图书馆事业的投资是非常有限的。图书馆普遍都感到经费紧张。尤其是一些地方经济发展比较落后的省份，财政拨款可能仅够行政开支，购书经费更是难以得到保证。加上现代文献信息资源类型多样化、载体多元化，用户需求复杂化以及文献价格急剧增长的因素，图书馆在使用经费时倍感不足。如果图书馆不讲经济原则，不注重文献信息资源建设的效益，造成的浪费将是触目惊心的。因此，在文献信息资源建设过程中，一定要以经济性原则做指导，尽可能合理地配置各种文献信息资源，合理地使用每一分钱，使购置经费发挥最大的效用。

（二）经济性原则的体现

1. 坚持成本效益方法

成本效益是指图书馆在文献信息资源建设中应合理使用经费，以最小的文献购置成本获取最大的使用效益。要对文献的采集和利用状况进行分析，根据读者的需求合理预算，及时调整和重构馆藏发展政策与馆藏体系。投入产出效益是文献信息资源合理构成和配置的依据。

2. 最优化配置文献信息资源

为了充分实现图书馆的职能，发挥馆藏文献信息资源的利用价值，必须优化文献信息资源的配置。因此，正确处理好宏观与微观、本馆采购与合作采购、馆藏价值与读者需求、收藏职能与服务职能、现实馆藏与虚拟馆藏、拥有和获取、印刷文献与电子文献等各方面的关系，使文献信息资源体系在明确方针指导下向着优化、合理的方向发展。

第三节 图书馆信息资源的采集与配置

一、图书馆数字信息资源的采集

随着全球信息网络化的发展，数字信息资源在最近十几年里突飞猛进地发展，购买各种商业数字信息资源已成为图书馆资源采购越来越重要的组成部分。由于图书馆的经费有限,加上数字信息资源如数据库的价格又比较昂贵,为了能在节约资金的同时,又能购买到需要的数字信息资源,以及各馆不同的具体情况,出现了多种采集方式。

(一) 数字信息资源的主要采集方式

1. 集团采购方式

集团采购是指两个或两个以上的图书馆由于各种共同的条件或特点(共同的目的、共同的兴趣、共同的需求),或者由于地理上的近便等,为了实现资源共享、利益互惠的目的,遵循集团协议共同参与同商业数据库商谈判(外商为主),联合购买数字信息资源或联合获取数字信息资源的采购方式。这种方式已成为大学及研究图书馆采购数字信息资源的主要模式。

随着数字信息资源日渐为大众所接受,图书馆购买的数据库越来越多,而许多大型数字期刊数据库价格之昂贵令很多图书馆难以独自承担。同时,由于电子出版物尚未解决永久保存的问题,故图书馆往往需要同时购买纸本期刊,造成图书馆更重的经济负担。凭借集团的联合购买力,就可为数字资源的购买寻求一个更优惠的价格,而且集团越大,价格越优惠。

由集团代表全体成员与数据库商进行谈判,节省了每个图书馆有关人员的精力和时间,同时为成员馆争取到最大的利益。图书馆集团采购数字资源可以迅速评估及引进所需资源,建立长期稳定地使用国内外电子信息资源的机制,从而提高信息获取的准确率,最大程度满足用户的需求。

图书馆以集团的名义,针对实际情况,要求信息提供商提供优惠的价格和更好的服务。如在检索软件和统计功能上做一些适合我国国情的修改和进一步完善,提供检索指南和用户培训服务,保证按时更新数字资源内容,保持良好的质量和检索界面。

图书馆集团采购数字资源需要各成员馆的积极参与和配合,因为参与采购联盟的成员馆的数量往往直接影响采购的成本效益,成员越多,成本越低,效益越好;而增加成员馆的数量就需要调动各方,尤其是地方的力量进行组织协调,同时,各地区组织的集团采购,也便于将地区性信息资源的共建共享与全国高校系统信息资源的共建共享结合起来,在人力、财力上共享,并有助于扩大和提高信息资源共建共享的范围与效益。

数字信息资源的引进为用户带来了极大的便利,有些大学的全文数字期刊数量已经超过了印刷本期刊数量。这些全文期刊分别属于不同的出版社,有不同的检索平台,对于图书馆的最终用户来说,在不同数据库之间要反复认证、频繁地登录和退出,而且要搞清图书馆有哪些电子期刊也是一件很困难的事情。因此，把属于不同数据库中的数字期刊进行整理，形成一个统一检索界面的数字期刊导航系统是一件必不可少的工作。

虽然集团采购模式在现有的数字资源采购模式中优势突出，但在 IP 申报、付款、培训等问题上亦存在一些不足，如错报 IP 地址，部分成员馆因种种原因拖欠分摊的数据库款，培训不到位等，这些都加大了集团组织者的工作量和工作难度。

2. 个馆采购方式

顾名思义，个馆采购就是单个图书馆独立采购所需的数字信息资源。个馆采购所面向的一般是价格都不会太昂贵的数字信息资源，但就数字信息资源单位而言，一个数据库要比一种期刊或一本书贵很多，而且，购买数据库跟纸本书不同的是一般没有拥有权，只有获取资源权，一旦停购，就失去所有的资料。因此，一定要谨慎行事，从多方面进行考虑。

比较好的做法是成立跨部门数据库采购小组，这样既能掌握数据库试用的情况，了解数据库是否符合本单位用户的需求，又能发挥各部门的优势，做好数据库的采购工作。跨部门数据库采购小组成员应由以下人员组成：主管馆长，信息部、技术部、采编部负责人。小组工作可采取主管馆长负责，各部门分头执行的方式。通过制定各部门职责、任务和操作流程，使数据库采购业务规范化。

3. 捆绑采购方式

捆绑采购是指采购的信息产品不是单一售出，而是必须和其他的信息产品一同售出。这是商家为了推销某些信息产品，扩大盈利空间而采取的一种营销手段。如 Spring 数据库商为了推销外文期刊，他们就推出购买 Spring 数据库，如果想要在价格上给予一定的优惠，就必须购买一定的纸本期刊，否则就不给予价格上的优惠。在这种情形下，如果文献信息购置费有一定的保障，从用户的需要和数据库的价格考虑，图书馆一般会接受这种采购方式，而商家同时售出纸本期刊和数据库，就赚取了更多利润。

（二）数字信息资源的采集过程

1. 数字信息资源的选择

（1）数字信息资源选择的原则。

数字信息资源选择除秉承传统的针对性、权威性、系统性、连续性、协调性、层次性、特色化等原则外，还应遵循以下几个原则：

第一，互补性原则。数字文献与纸质文献的选择应统筹规划，尽量使各种类型的文献在内容和功能上形成互补，避免重复和浪费。根据互补性原则，在大多数情况下，某一文献拥有电子版后，就可替代同一种纸质文献，甚至可替代内容相近的同类文献。当然，对于利用率特别高，或是数字文献在某些功能上不能较好地替代纸质文献的，可考虑同时拥有纸质和电子文献。

第二，时效性原则。科技发展的日新月异，促使信息内容的有效使用期限越来越短，信息的时效性变得越来越重要。由于数字文献出版发行速度快，更新速度快，信息资源建设强调信息的动态更新对发挥信息的时效价值有特别重要的意义。因此，选择时应保持数字文献的新颖性，保证读者可以利用到最新的情报信息。

第三，合法性原则。相对于印刷型文献而言，数字文献尚处于发展的初级阶段。电子版权保护体制还不完善，用户维护数字文献知识产权的意识也较为薄弱，不少利用数字文献司空见惯的方式其实已侵犯了版权。

第四，知识性原则。知识性原则可分别从知识性、实用性和健康性三方面把握。选择的数字文献应含有丰富的知识，具有严谨的学术性、积极的教育性。数字文献内容繁杂，良莠不齐，且雷同者众多。对此类文献的筛选应考虑内容简明、凝练，有较高实用性。目前网上信息有不少内容不健康甚至反动的东西。因此，筛选、编辑网上信息时要先淘汰这类信息。

第五，易检性原则。有好的用户界面，方便快捷的检索步骤和方法，功能全面、选择性强的检索机制，将提高数据库的利用率。因此，易检性是图书馆购买数字文献非常重要的选择标准。

（2）数字信息资源选择的主要依据。

数字信息资源选择应考量以下几个依据：

第一，内容因素。内容是选择与评价的核心和重点，从中可以反映数字信息资源的本质。数字文献内容的选择范围，一般专题数据库涉及的比较多。应当紧紧围绕本学科及相关学科选择文献内容。

第二，利用率。一个数据库所包含的信息量要远远超过一本图书，它的价格自然也高得多。选择过程中应当将数字文献的利用率作为一个重要的参考因素，以避免购买的数字文献不符合读者的需要，造成资金的浪费。对于数字文献来说，为了使采访的数字信息资源有较大的实用性，往往需要经历试用阶段。在试用期间，一方面要了解数字文献的质量与性能，另一方面要观察读者对它的利用情况，统计用户的点击率，然后根据试用期的情况决定是否购买。

第三，数字文献的类型。为了满足用户不同的需求，数据商生产了不同的文献类型，如有事实型数据库、数值型数据库、检索型数据库、文摘型数据库、光盘数据库、网络全文数据库等。目前，由于计算机网络环境的改善及计算机操作能力和文献信息检索能力的提高，网络全文数据库最受用户的欢迎。当然，一些事实型数据库和数值型数据库对用户来说也是非常必要的。

第四，数字文献的出版机构。与传统印刷型文献类似，选购数字文献时也应当考虑其出版机构。一般应购买国际上比较有名的出版社或信息机构出版的数字文献。因为这些出版机构推出的数据库一般质量都比较高，具有权威性。

2. 数字信息资源的试用、分析与评价

（1）试用。一般有两种方式提供试用，一种是数据库商（出版商）主动联系进行试用。另一种是图书馆主动与相关提供商联系，一般见于中小型图书馆及学科比较偏狭的数据库。无论哪一种方式的试用，都必须做好数据库试用的宣传和统计工作。宣传工作能让更多的用户获得数据库的试用消息，从而使得数据库试用统计能客观反映用户对数据库的欢迎程度，试用统计则是定量反映数据库受欢迎程度和应用范围的手段，为是否购买某数据库决策提供参考依据。

（2）分析与评价。确定某数据库是否适于购买，要有充分、翔实的根据。要建立在对数据库全面考察、本单位用户状况及用户使用反馈的基础上。即要对数据库进行分析、评价，评价一般应从如下几个方面考虑：

第一，收录内容。要了解数据库覆盖的学科范围，如果是专业性数据库，要确定是否属于服务用户的学科范围。如果是综合性数据库，要了解学科的分布情况，看其是否与服务用户存在偏差。要看数据库规模。主要是指收录数据的多少。看是否提供全文。所有的用户都希望可以直接下载全文，数据库如果没有提供全文，又没有其他特殊功能，其受欢迎的程度则会大打折扣。看提供年限。收录年限也是一个重要指标，在进行评价时要予以充分考虑。看与现有资源的重复状况。由于图书馆购买的数字资源不断增长，因此，在购买新资源时，要对原有资源有清楚的了解，尤其是全文数据库，必须将试用库的全文期刊收录情况与已购买的全文期刊进行比较。如果重复过多，购买时要慎重。

第二，检索功能。检索功能是反映数据库质量的一个重要指标，一个质量好的数据库除了资源的内容丰富外，还应该具备完善的检索功能。从使用的角度看，数据量大的数字资源除应具备基本检索功能外，最好还能提供高级检索及多种结果处理方式（保存、打印、E-mail 等）供选择。

第三，连结方式。是否设有专线或本地镜像。如果准备引进国外的数据库，必须弄清楚服务的连结方式。因为如果用户的计算机可直接连结国外的服务器，则需要用户自行负担国际流量费，而在很多单位供用户检索使用的计算机都不能连结国外的服务器，所以资源的利用会受到限制。是否有连结数的限制。有些数据库对同时连结人数（并发用户数）有限制，并发用户太少也会影响使用。

第四，试用情况。连结次数与检索次数。根据用户连结和检索的次数可以了解试用库的利用情况和接受程度。具体数据可以从试用最初建立的统计系统中获得。用户反馈。除使用次数可以反映试用情况外，用户各种形式的反馈也能体现出试用效果。

3. 数字信息资源的订购与验收

经过选择、试用、评价、分析以后，确定某数据库是本单位需要购买的数据库，接下来可以和数据商就有关价格、服务要求谈判，签订合同，汇款，到财务报销。最后，由技术部负责安装，供用户使用。

二、图书馆信息资源的配置

（一）信息资源配置的内涵

信息资源由三部分组成：信息生产者、信息和信息技术，这三者分别称为信息资源的元资源、本资源和表资源。信息资源配置是指信息的元资源、本资源和表资源实现最为和谐、最为优化的过程，是使它们产生最大效应的状态。要使这种状态能够实现，取决于专业和行业领域的合作程度，也取决于全社会的支持与协作程度，是全社会的系统工程。因为在信息资源配置的过程中，不仅考虑资源分布、资源拥有量、资源开发和利用状况，而且考虑区位政治、经济及其他状况。理想状态的信息资源配置是指在配置过程中要实现政治上的公平性和经济上的合理性。政治上的公平性是指信息资源配置必须保证社会各阶层平等利用信息资源的机会与权利。经济上的合理性是指要用一定的配置成本取得最大的配置效益，或用最小的配置成本取得一定的配置效益，它们实质上都是要用尽可能小的配置成本取得尽可能大的配置效益。信息资源配置有宏观配置与微观配置之分。

信息资源的宏观配置是指国家通过行政权、行政手段、行政机制和政策法律对其拥有的信息资源加以运用和组合，从而实现国家的信息积累目标，并满足整个社会不断增长的信息商品与服务数量和质量的需要。为了国家信息系统的长远、健康发展，为了实现本国文化信息积累的需要，政府总是比信息机构更关心整个国家的信息资源状况，更重视国家信息资源的有效利用和合理配置。一般来说，政府对信息资源的配置通过如下过程来实现：计划（或称"国家信息资源配置计划"）财政拨款—获得信息资源—配置于信息活动过程。信息资源的微观配置是指各信息机构对信息资源进行多种形式的组合，从而为社会生产出更多更好的信息商品。具体是指信息资源在时间、空间和数量三个方面的有效配置。时间上的配置是指信息资源在过去、现在、将来三种时间上的配置；空间上的配置是指信息资源在不同部门（产业部门、行政部门等）和不同地区之间的分布，它实际上就是信息资源在不同使用方向上的分配；信息资源在数量上的配置包括存量配置和增量配置两个方面，也就是对已存的信息资源和不断开发出的信息资源进行配置。信息资源在时间、空间和数量上相互结合后配置的结果，就形成各种各样的结构信息资源。结构合理与否取决于信息资源的配置是否合理，而这又最终影响着信息资源的利用状况。

信息资源的宏观配置与微观配置之间有着极为紧密的内在联系。信息资源的宏观与数量配置创造了进行信息资源的微观与质量配置的"资源条件"。而信息资源的微观与质量配置则是对信息资源宏观与数量配置的二次配置，它创造了进行"有效"信息商品生产与服务的基本条件。无论是信息资源的宏观配置还是微观配置，其基本特点都是为了发挥信息资源条件的优势，弱化信息资源条件的劣势，最终目的是为了生产出更多更好的信息商品与信息服务，满足用户的需要，并实现我国信息经济的快速增长。

（二）信息资源配置采取的模式

信息资源配置模式是图书馆、情报信息服务机构组织战略框架的基础。现阶段应采取在国家有关部门领导下的大中心和小中心相结合的模式。

以国家大型综合图书、情报机构、国家专业部门信息中心为骨干，以大行政区综合信息机构为基础，组成中央宏观调控、地理分布较均衡的分级信息资源保障系统。这里的分级是指有几个大中心（一般由作为骨干的图书、情报机构担当），还有一些小中心。大中心之间要分工协调，小中心之间也应有一定的联系。这一模式的确立主要依据我国图书馆、情报部门现行的体制以及网络技术发展的客观因素。我国图书馆、情报机构进行信息资源配置的运作资金，都来自国家政府及各主管部门的行政拨款，位于大中心的各图书馆、情报机构的规模、级别大致相等，享受国家政府拨款的额度也差别不大，且各自都有较高素质的专业人员和拥有某些方面的优势。因此，他们具备承担国家信息资源配置主要任务的条件，可以担当此重任。而一些小中心，无论是规模还是资金的基础远不如大中心，因此他们没必要也没有财力、人力和物力去做大中心的事情。这些小中心一般是提供地方特色的信息资源，和相对大中心来说比较一般的广泛的信息服务，以及做好文献的传递服务。

随着社会信息化程度的提高和网络技术的发展，改变了信息资源配置的基本物质与技术条件，实现在全国范围内的信息资源共享，为实现这种信息资源配置的模式提供了有力的保证。这种模式由于有了国家的统筹规划和组织，一方面保证了国家信息资源配置的系统性、完整性和重点性，同时也避免了不必要的重复和浪费；另一方面网络成网状的中心配置，方便了中心之间的联系，加快了传递速度，方便了用户的信息交流。

（三）信息资源配置的策略

1. 加强科学管理资源，提高信息资源的利用率

信息资源需要进行科学管理，否则就无法利用，更谈不上有效配置。因此，有必要从宏观和微观两个层次对信息资源进行科学管理。宏观就是从大方向着手，解决存在的普遍问题。微观则是各图书馆情报部门研究、掌握各自部门内部各层次用户对信息资源的真正需求，合理引导各部门内部信息资源的流向，对实体资源和虚拟资源进行合理配置、科学管理。尤其是网络虚拟信息资源种类繁多、信息海量、结构复杂、良莠不齐，造成用户使用的不便，科学管理信息资源的问题更为突出。

为了用户更好地利用网络信息资源，对网络信息资源进行组织，人们开发了搜索引擎。搜索引擎本身也以网站形式存在，与一般网站不同，它是一种信息查询工具。用户输入自己的检索式，搜索引擎自动将与其存储在网上的一次信息特征进行匹配，将符合用户要求的信息记录以超文本的方式显示出来，供用户浏览。应该说搜索引擎在一定程度上实现了对网上信息的控制，在逻辑上序化和优化了网络信息资源，为利用网上资源提供了便利。短短几年，大量的搜索引擎被开发和建立起来，曾使人们一度认为网上信息资源的组织问题已被解决。在随后几年的实践中，人们逐渐认识到搜索引擎虽然有助于人们查到信息，却不能精确地满足人们的要求，还有较大的局限性。首先是在建立资源索引时针对性不强，面向大众的资源覆盖面广，而面向科学技术的则相对较少；另外，检索结果中包含大量相关性很小的内容，用户必须花大量的时间进行剔除，检准率很低，且它们对资源不具有选择和价值判断的能力。为了满足用户专业性较强的深度信息需求，图书馆、情报机构必须另辟途径，寻求更高级的信息资源组织形式。第一，采用都柏林核心集元数据网上资源编目的方法，可以逐渐实现有用的所有载体文献信息有序化控制。当然，这一方法还有待于进一步完善。第二，建立学科资源库。图书馆可以组织专业馆员通过对网上信息的浏览，重点收集参考价值较高的信息进行加工、组织、分类标引，分门别类向用户提供如学术动态、科研成果、会议信息、电子论坛、科研论文等信息资源。第三，组织专题资源库。首先，根据用户需求有针对性地做好选题工作，其次，确定某一专题信息的收藏范围和标准，再次，对收集到的信息进行去粗取精、去伪存真的查重、过滤和整序，并发布在网页上。最后，建立重点学科导航数据库。重点学科导航库是以学科为单元对网络上的相

关学术资源进行搜集、评价、分类、组织和序化整理，并对其进行简要的内容揭示，动态链接学科资源数据库和检索平台，发布于网上。总之，图书馆、情报部门要对本部门的信息资源进行科学组织管理，提供针对性强的、适时对路的信息以供用户使用，提高服务水平，提高用户的满足率。

2. 加强信息技术的发展和应用

信息技术是现代化图书馆信息服务发展的技术基础，也是信息资源的有机组成部分。从功能上可以分为信息的获取技术、信息的传递和存储技术、信息的分析处理技术以及信息的标准化技术四个方面。信息技术的发展和广泛应用不仅减少了人类的手工劳动，而且从根本上增强了人类的信息能力，提高了人类有效配置信息资源的水平。可以这样认为，信息技术是信息资源有效配置最有力的支撑手段。目前，我国的信息技术虽然已经取得了很大发展，但与发达国家相比，落后了几十年，信息设备特别是计算机、远程通信设备等核心设备的社会普及程度低，大部分图书馆的现代化设备还比较落后，这些已经成为我国现阶段有效配置信息资源、加速发展信息化程度的桎梏。国家应积极借鉴国外先进经验，加强信息技术的发展和应用，加大对图书情报信息服务机构的投入力度。

第四节 图书馆信息资源的布局与整合

一、图书馆信息资源的整体布局

馆藏文献资源的布局是指全部馆藏文献资源，按照学科性质、读者对象、载体形式、文献类型等特征，划分为相对独立又相互联系的若干部分，建立具有各种功能的书库，为每一部分藏书找到最适当的存放位置，以便保存和利用。馆藏文献布局不是主观意志的产物，而是图书情报信息机构规模不断扩大，用户对文献需求日益复杂和深入的客观需要。

（一）图书馆信息资源布局的要求

馆藏文献资源布局的要求有以下几方面：

第一，能够使藏书得到有效利用。图书馆应该树立这样的观念，图书馆的藏书是为读者利用而购置的，图书馆的空间是为读者利用图书馆的活动而建筑和布置的。图书馆是为读者使用而藏书，不是为了藏书而藏书，藏书保存的根本目的是满足因为时间的延续而存在的潜在读者使用的需要，藏书空间应该与使用空间有机地联系起来，不能人为割裂读者与藏书的联系，过分扩大图书馆员的中介作用。图书馆藏书布局应尽量让读者方便利用图书，充分发挥藏书的作用。

第二，能够使藏书照顾到各方面读者的需要，便于读者迅速找到所需要的书刊，提高服务读者的工作效率。如公共图书馆把藏书划分为文艺书籍、社会科学书籍、自然科学书籍、少年儿童读物等，分别予以组织和流通，方便了不同类型的读者。

第三，在方便读者利用藏书的前提下，同时考虑方便图书馆工作人员熟悉和研究藏书，提高工作质量，进行藏书的有效管理，如图书的入库上架、藏书的排列、检索、清点等工作。因为，没有图书馆工作人员进行藏书的有效管理，要谈方便读者利用藏书、提高藏书的利用率也是不可能的事情。

（二）图书馆信息资源布局的空间结构

馆藏文献资源布局的空间结构，主要是根据书库的建筑方式来规划和设计的，主要有以下三种形式：

1. 展开式水平布局结构

20世纪30年代以前，由于那时各国图书馆的馆藏文献资源不多，建筑规模也不大，图书馆建筑的三个主要部分——书库、阅览室和工作人员办公区处于一个水平面上，这种馆藏文献资源布局的书库，就称为"展开式水平布局结构"。这种布局结构比较适合小型图书情报机构。因此，目前小型图书情报机构仍然采用这种结构形式。

随着大部分图书馆的藏书量逐渐增多，书库面积增大，工作人员和读者与藏书的距离越来越远，这种水平结构形式已不适应图书馆的发展，于是就出现了一种分层式的水平结构，即按照大的学科将藏书和借阅分为多个楼层，每层仍然是水平式结构。这种结构在建筑上显得较为灵活，在同一平面上书库和阅览区可以任意分割，但这种结构形式要求建筑同层高，同负荷，因而占据空间大，建筑造价也高。

2. 高层式垂直布局结构

随着馆藏文献资源布局理论和技术的不断发展，馆藏文献资源布局从一个水平面的布局发展到多层布局，出现了塔式书库，这种塔式书库称为"高层式垂直布局结构"。这种布局形式能使藏书在最小的空间内得到最大限度的集中。

塔式书库作为图书馆的基本书库，经常与图书馆的其他建筑分开，无论是被阅览室所环绕的书库，还是与阅览室相连接的书库，都通过专门的通道或运输线路与图书馆其他部门发生联系。这样不仅能保持藏书的安全状态，还能使书库藏书与读者保持短距离的联系。我国大多数大中型图书馆采用了这种布局模式。但高层式的垂直布局也有其自身的缺点，这种布局结构灵活性较差，不便调整，且书库管理人员工作不便，如让一人管理多层书库，频繁地上楼下楼会消耗大量体力。

3. 立体交叉式的混合布局结构

为了吸收水平布局和垂直布局的优点并减少其缺点，近 20 年来，在许多藏书结构复杂的大型图书馆中，采用了水平与垂直混合布局的方法。混合布局是将常用书和呆滞书区分的一种布局方式。它将常用书放在同一水平面上，使这部分藏书能直接被读者方便地利用，将呆滞书放在书库中不与阅览室相连的垂直位置上，因而这种布局方式在空间上是呈三维立体方向伸展的。

（三）我国图书馆文献资源布局的形式

书库的划分是图书馆藏书布局的核心。图书馆可以根据不同的需求和标准将馆藏进行划分，组成各种系列的书库。划分书库的方法都是着眼于某一方面。实际上，确定某一图书馆的各种书库时是要综合考虑各种因素的，因而一些大中型图书馆各种书库的名称不一定是某一单一系列的名称，而可能横跨各种系列。但是，我们在考虑书库划分时，一般习惯于注重某一主要方面，如我国图书馆界习惯按藏书的用途及使用方式，把书库划分为基本书库、辅助书库和专门书库。

1. 基本书库

基本书库是图书馆藏书的基础，亦称"总书库"，在全馆藏书中处于总枢纽、总调度的地位，其主要功能有：对藏书全面收藏、长久储备、临时调阅参考以及剔除处理等。

基本书库收藏了馆藏所有的书刊品种和类型，为读者的各种文献需求提供各种服务，如调阅补配、复制、参考及交换等。基本书库中既收藏常用的书刊，也收藏供研究用的参考性书刊和不常用的偶尔备查的资料性书刊。基本书库的书刊有些是供公开借阅的书刊，基本书库收藏的文献类型也是多种多样的，既有印刷型文献资料，也有诸如缩微、音像、光盘等非印刷型文献资料。

作为图书馆藏书基础的基本书库，担负着满足读者各种文献需求和辅助书库、专门书库的藏书进行及时调节的任务，其与采编机构、辅助书库、专门书库的关系密切，因而设计基本书库的位置要充分考虑各种动作的方便。基本书库位置不宜太偏，否则不利于其与辅助书库、专门书库的书刊交流。

我国许多大中型图书情报机构实行保存本制度。把入藏的图书每种提取 1 个复本，作为品种的样本专门入藏,组织成样本书库(样本库是基本书库的一部分)不提供外借。虽然图书馆界有人对一般图书情报机构实行保存样本制度提出了怀疑,但是可以这样说,从公平和做好读者服务工作质量的角度出发,样本制利大于弊。

2. 辅助书库

辅助书库是指图书馆为借书处、阅览室、研究室等读者服务部门设置的书库。它是基本书库的补充,以方便使用为原则,使读者最需要的藏书接近读者,其藏书最具实用性和较高借阅率。它一般依附于用户服务部门,具有相对的独立性和稳定性。其藏书在流动中保持稳定,即根据读者需求不断地补充那些具有实用性、推荐性和参考性的新书,剔除陈旧的、利用率不高的图书。辅助书库的设置要根据图书馆的规模和性质灵活安排。大中型图书馆可根据需要设置专科性、专题性等针对性较强的辅助书库,以满足读者专门性的借阅和参考文献的需要。

3. 专门书库

专门书库又称"特藏书库",它作为图书馆特色馆藏部分,主要是为满足读者的特殊需要或解决某些特殊文献的保管而设置的。专门书库的设置视图书馆的规模和性质各不相同,其收藏文献资料的范围较广,包括图书馆的善本、珍本、稿本、地方文献、特种文献、声像资料、缩微资料、光盘资料等。

专门书库的设置体现了具体图书情报机构的馆藏文献资源特色和服务特色。如北京图书馆的手稿专藏、善本书专藏,省级图书馆的地方文献专藏,高校图书馆的博士、硕士、学士论文库及学校一些专业特色的文献库。不是每一个图书情报机构都要设立专门书库,历史较短、规模不大,又缺少相应专业工作人员的图书情报机构,不具备建立专门书库的条件,就不应设立专门书库。

二、图书馆信息资源的整合

信息资源整合是将各种分布、异构和多样化的数字资源系统中的数据对象、功能结构及其互动关系进行融合、类聚和重组,重新结合为一个新的有机整体,形成一个效能更好、效率更高的新的数字资源体系,实现信息资源的有序组织、快速定位和有效揭示。在网络环境下,图书馆信息资源整合是信息服务从大众化向个性化发展的需要,是面向用户的信息服务发展的必然结果。面向信息时代,图书馆需要开拓思路,充分开发和利用多样化的信息资源,提供主动、全面、系统的高质量服务,延伸图书馆服务触角,推动图书馆业务再上新台阶。

(一) 信息资源整合的必要性分析

1. 多样化的信息资源需要对其进行整合

多样化的信息资源丰富了馆藏，拓展了用户选取信息的时空，能更大程度地满足用户的信息需求，但同时，又给用户利用信息制造了新的麻烦：不同载体形态的信息资源之间缺乏关联，影响了信息查询的查全率；不同来源的信息资源不可避免地出现重复、冗余，影响了信息查询的查准率；各种信息系统缺乏允许内容共享与传送要求的界面，迫使用户为了查全信息必须逐一检索各系统，降低了信息查询的效率；不同的信息系统由于其所信赖的技术环境不同，造成信息检索方法、检索界面的复杂性、差异性。要求用户掌握多种检索方式，增加了信息查询的难度。而信息资源整合使分散无序的信息资源有序化，使重复、冗余的信息被剔除，使纷繁复杂的检索方式、检索界面得到统一，从而使用户轻松地获取所需的信息资源，因此这项工作具有必要性与迫切性。

2. 信息资源整合是图书馆信息服务的要求

现代图书馆无论是在管理观念上，还是在服务的技术手段上，都比传统图书馆更重视也更有条件从事信息资源的开发利用。图书馆员提供的不应再是被动的服务和简单的文献保存与传递工作，而应当成为信息的管理者和导航员。其首要任务就是通过对不同载体、不同渠道信息的有序化、优化整合，为用户在信息海洋中寻求知识提供帮助甚至直接提供知识，增强信息资源的活性与利用价值，进而通过对信息的分析、研究，把研究成果提供给社会，从而实现信息的增值。

(二) 图书馆信息资源整合的类型

1. 按信息资源整合的区域位置划分

（1）国家范围内图书馆界信息资源整合。这种整合类型也可称为"宏观意义上的图书馆信息资源整合"，涉及全国范围内各个地区图书馆界广泛意义的协作，信息资源从采购到利用各个环节统一协调、统一标准，实现国内图书馆界的互通有无、资源共享。

（2）地区范围内图书馆信息资源整合。在信息内容和信息服务方面，由于缺乏统一的领导和协调，造成很多地区出现了在同一区域内各个图书馆网络系统间资源开发分散、重复现象严重，处于互不相通、相互独立的局面。采用正确的方法将图书馆等机构的信息资源结合在一起，使之作为一个凝结在一起的、最优效率的整体来共同发挥作用。

（3）单个图书馆范围内的信息资源整合。指的是图书馆作为独立的个体单位进行的信息资源整合，这种整合具体表现为跨库检索、学科导航、学科馆员制等。

2. 按信息资源整合深度划分

（1）浅度信息资源整合，指的是多个馆藏的简单相加，没有进行深度融合。

（2）中度信息资源整合，即对相关数据库内的数据对象去除重复信息的整合，提供给用户的不单是统一的查询界面，而且是不重复和高质量的信息。

（3）深度信息资源整合，这是图书馆基于知识管理理念的深层用户服务。打破各个数据库数据资源的分割局面，按照知识单元组织信息提供给用户。信息资源整合程度越深，用户吸收和利用信息的效率越高。

3. 按照资源涵盖范围划分

（1）学科综合性信息资源整合包括自然科学信息资源整合、社会科学信息资源整合、人文科学信息资源整合、工程技术信息资源整合等。

（2）学科分散性信息资源整合包括几个专业信息资源的整合。

（3）学科专业性信息资源整合仅包括一个学科专业的信息资源整合。

（三）图书馆信息资源整合的发展对策

1. 完善信息体系，开展全方位文献信息服务

注重信息服务的系统化设计，利用网络资源为用户提供全方位服务。将馆际互借与文献传递等服务有机融入个性化服务系统中；进一步完善系统中的咨询功能，对咨询系统进行功能上的二次开发，将各种交互技术应用于实时咨询系统，增加语音和视频交流的功能，实现用户和咨询员间的双向网页推送，提高个性化咨询服务的质量和效益，完善知识库功能。

2. 建设合理搭配的高素质文献信息队伍

开展信息服务的关键是拥有一支高素质文献信息队伍。现代信息服务要求文献信息专业人员要从内部资料处理工作中转移出来，以用户的信息需求为导向，提供文献信息增值服务，对网络文献信息进行整序、重组、重新包装，加以适当的标引、组织，并进行高质量的知识包装。或者将文本、图像、声音等形式的信息，利用超文本及无缝链接技术加以组装和整合，侧重于对文献信息内容的深度挖掘和开发，成批地提供给信息在线咨询。

3. 开发可动态更新的网络系统

动态交互网页的应用开发技术应是基于平台和服务器独立的、内置支持技术。安全性能较高，内容更新也快，导航功能也更加强大，不仅支持热链接导航，而且支持智能搜索

功能。开发者可以定制自己的标签,支持多种类型的数据库,并在整合数据库的基础之上,进行网络动态学术资源的推荐,建立、健全有所有权的数字资源的长期保存机制,为图书馆可持续发展奠定资源基础。

第四章 图书馆信息服务理论及其模式

第一节 图书馆信息服务概述

众所周知，信息化已经成为当今世界发展的重要趋势，这主要来源于两大背景：一是由于科学技术、经济高度发展，社会生活各组成部分相互依赖性增强，引发人类的信息需求和利用趋向多样化、综合化和社会化；二是当代信息技术迅速发展，使得信息的利用打破了地域和空间的限制，越来越方便快捷。因此社会各界对信息服务提出了更高的要求。

一、什么是信息服务

（一）信息服务的含义理解

信息服务是一个广义的范畴，涉及社会生活的诸多领域。狭义的信息服务是指对信息收集、加工、存贮、传递和提供的社会化经营活动。[①] 由于科学的进步，各种文献载体和其他大众传媒的日益增多，互联网也日益普及，人们每时每刻都处于信息的包围之中，面对大量无序繁杂的信息资源，人们手足无措。如何去粗取精、迅速准确地找到所需要的信息，就是信息服务的本质所在。

现代社会信息服务具有十分丰富的内涵，它可以理解为以用户的信息需求为依据，面向用户开展的一切服务性活动。当前的信息服务，无论从内容上、形式上，还是从服务的广度和深度上看，都发生了天翻地覆的变化。随着社会的不断进步，信息服务的规模和效益对社会发展的影响将越来越突出。我国的信息服务经过长期发展，已经形成了一个多层次的，包括科技、经济、文化、新闻、管理等各类信息在内的，面向各类用户，以满足专业人员多方面信息需求为目标的社会服务网络。在整体服务网络中，各类信息服务部门既

---

① 靳东旺，李梅英. 图书馆信息服务研究 [M]. 西安：西安地图出版社，2013：1.

分工又协调，开展各具特色的服务工作。

（二）信息服务的要求

信息服务所涉及的主要工作应当包括：信息服务中的用户研究及用户管理；用户培训与用户教育；用户服务与保证系统的开发；用户信息服务网络建设与信息资源综合开发等。

根据这些工作，信息服务的基本要求为以下几点：

一是信息资源开发的广泛性。信息服务必须在充分开发信息资源的基础上进行，只有这样才能保证向用户提供的信息没有重大遗漏。为此，在信息服务工作中首先要注重用户需求调研，尽可能地吸收用户参与工作。

二是信息服务的充分性。"充分性"是指充分利用各种条件和一切可能的设备，组织用户服务工作。同时充分掌握用户需求、工作情况及基本的信息条件，以确保所提供的信息范围适当、内容完整和对需求的满足充分。

三是信息服务及时性。及时性的含义包括两个方面：第一，接待用户和接受用户的服务课题要及时；二是所提供的信息要及时，尽可能使用户以最快的速度得到他们所需要的最新信息。为了实现这一目标，必须保证有畅通快捷的信息获取渠道和用户联系渠道。

四是信息服务的精练性。信息服务中的一个至关重要的问题就是向用户提供的信息要精，要能有针对性地解决问题，即向用户提供关键性信息。要达到这个要求，就必须提高信息服务人员的业务素质，必须在信息服务工作中加强信息分析与研究工作，开辟专项服务工作，努力提高专业性信息服务的质量。

五是信息提供的准确性。准确性是信息服务的最基本要求，不准确的信息对于用户来说，不仅无益，而且有害，它将导致用户决策的失误造成损失。信息提供准确性要求，不仅搜集信息要准确，而且要避免信息传递的失真；同时对信息的判断要准确，做出的结论才能正确、可靠。

六是信息服务收费的合理性。随着市场经济的发展，许多无偿服务已经转向了有偿服务或部分有偿服务。信息服务也不例外。信息服务许多都是有偿服务，但是从用户角度去看，支付服务费用应当确保一定的投入产出效益。这就要求在服务管理上要有科学性，同时注意到信息服务的高智能特征，在国家政策指导下制定合理的收费标准。

除上述基本要求外，信息服务与其他服务一样，必须强调服务人员的服务态度和服务水平。因为信息服务作为图书馆和信息机构的第一线工作，是联系用户与信息源之间的"桥梁"和纽带，其目的是向用户提供他们所需要的各类信息，确保应有的信息效益。所以,信息服务人员要有较高的素质。信息服务的质量是衡量信息工作社会效益的主要标志。信息资源的开发和信息的深层次加工与科学处理的最终目的是提供使用,其中"服务"是一个关键环节,它直接关系到信息机构各项工作的展开,因而树立"用户第一"的观点对任何信息部门都是必不可少的。信息服务是直接获取来自用户方面反馈信息的"窗口"。通过服务,图书馆和信息机构可以进一步掌握用户的基本情况、信息需求及其满足状况,可以检验信息工作的水准,这对于从整体上优化信息工作是必要的。

二、图书馆信息服务的内容及特征

(一) 图书馆信息服务的内容

图书馆的信息服务一般包括以下五大部分:

第一,传统的读者借阅服务,即通过向服务对象提供书籍、报刊等文献,被动地服务于读者。

第二,通过编制二、三次文献向读者提供以书目信息和题录信息为主题的信息开发服务;以科技信息咨询为主题的信息咨询服务等各种服务。

第三,利用计算机等先进技术,建立文献信息网络,提供以联机检索服务为主题的信息检索服务。

第四,面向大众信息需求市场,提供诸如股市信息、招生招聘、专利检索与开发、寻医问药等社会热点信息服务。

第五,面向高校学科建设需要,提供学科信息服务,例如科技查新服务、定题跟踪服务、情报分析服务等。

(二) 图书馆信息服务的特征

信息时代的图书馆信息服务,旨在为更多用户提供必要的分布式异构化数字信息产品和服务,满足信息用户的需求以解决实际问题。更具体地说,数字图书馆信息服务是对收集而来的文本、图像、影音、软件与科学数据等数字信息进行进一步提取与加工,将加工好的信息以科学性的方式进行保管,实现知识信息价值的保存与升级,同时在广域网上实现高速跨数据库链接的横向存取服务,也包括知识产权存取权限、数据安全管理等。

现代图书馆信息服务与传统图书馆明显区别,现代图书馆是一种更为高级的服务形式,它与传统图书馆服务形式最大的区别就在于,它既把信息技术作为实现更高品质服务的载体,同时也充分利用了技术带来的机遇,将网络技术与科学技术融合进自身的体系中，让现代图书馆在服务内容、载体形式、服务形式与服务手段与方法等诸多方面更具优势。具体表现为以下几点：

1. 信息资源数字化，资源规模迅速扩大

信息资源数字化是指以计算机可读的形式存储信息，即将传统印刷载体信息进行数字化处理，再对处理好的数字化信息直接采集或存储，或者运用各种书写、识别、压缩和转换等技术直接下载和存储。随着信息技术的广泛深入发展，逐渐出现了一些从未有过的信息形式，如缩微型、视听型、联动型电子资料、多媒体数据库等。大数据的信息化时代，人们的社会生活中充斥着大量信息，由于数量巨大，且这些信息时常处于无序的状态下，人们无法对信息进行准确的筛选，导致信息利用的盲目化。所以，图书馆信息服务的主要目的就在于信息资源规模不断扩大的前提下，用更少时间为用户提供最具价值的可用信息。

2. 服务内容的知识性、多样化

信息技术背景下的图书馆信息服务的关注重点，不仅仅在传统的文献资源上，更体现在对知识的利用上。科学技术带来的知识革命越来越强调信息资源开发与利用的重要性。因此，图书馆的信息服务不只提供多方面有效的信息知识资源，而且为用户提供了直接有效的解决现实问题的根本方法。

3. 服务方式多元化、多层次化

随着经济全球化、一体化、网络化的发展，图书馆资源体系越来越开放，用户也越来越向更高、更好、更快的方向陆续提出更多需求。因此，信息技术部门应加大对信息分类的研究力度，对多领域、多学科的知识进行更加细化和专业化的划分，面向社会发展的新动向不断提出相应的、全新的信息服务方式，以适应社会发展与用户需求，这种服务的方式是主动的、多元化的、多层次的。

4. 信息存取网络化

信息化图书馆的发展必须以网络环境为载体，依靠互联网，人们可以自由获取世界范围内各学科以及社会各领域最前沿的科研动态与交流成果。

网络传递将人们之间的交流变得更加方便快捷，人们可以通过网络建立起非正式的交流模式，传递不同的信息资料。互联网的重要价值就体现在建立起人与人、人与世界之间的共享交流，利用无所不在的信息高速公路，实现信息资源的快速高效传递与接收，即信息存取的网络化。信息资源的交流与反馈在高速网络环境背景下变得更加迅捷高效，它摒弃了传统的信息资源交流模式，使得分散的信息资源得以整合，并以数字化方式进行存储，利用互联网的互通功能，实现信息资源的实时提供、即时使用。在数字图书馆信息服务系统中，经过整合的数字信息资源可以在开放空间中流畅、自由地传输，不受时间和空间的限制，用户可以根据自己的具体需要自由存取这些数字图书馆信息资源。

5. 信息资源共享化

在经济与科学技术高度发展的今天，人们对于信息资源最高的理想是在数字化资源的基础上，依靠网络技术的高效性与快捷性，实现信息资源的跨时空共建共享。数字图书馆的构建冲击了传统图书馆的运行模式，打破了资源共享上的限制，使得图书馆可以利用网络技术、通信技术等获取自身不具备的数字信息，同时也可以将自身固有的馆藏资源共享给用户。信息资源的共享化极大程度上提升了信息资源的数量，整个社会的信息获取能力也得到了增强。

6. 服务环境开放化

在网络技术出现之前，图书馆的服务工作受到地域和空间的限制，受众群体仅限于进入图书馆的一部分人，服务工作的内容与形式相对单一。图书馆馆际之间、图书馆与社会之间得不到很好的交流，使图书馆长期处于闭塞的状态，自身发展停滞不前。在信息化时代，计算机网络的利用使图书馆工作经历了重大变革，图书馆的服务环境由封闭走向开放，数字图书馆的形式大大拓展了图书馆信息交流与服务的范围。信息化、网络化背景下，图书馆真正进入共建共享、共同发展的新阶段。

第二节 图书馆的信息环境分析

一、信息需求环境

信息需求即是指个人的内在认知与外在环境接触后感觉到的差异、不足和不确定，试图找寻消除差异和不足，判断此不确定事物的一种要求。通俗地说，就是个人在所处的环境中，基于某种原因，或是为工作需要，或是为解决疑惑，甚至纯粹是为了增广见闻，而对信息所产生的一种需要，都可以视为一种信息需求。①

加强用户信息需求的研究是图书馆信息服务的基石。网络时代，图书馆用户的信息需求有了很大变化，图书馆只有充分研究和了解用户的信息需求特点，才能积极迎合、引

---

① 靳东旺，李梅英. 图书馆信息服务研究 [M]. 西安：西安地图出版社，2013：48.

导、开发用户的信息需求，提供多种方式的信息服务。

第一，信息需求用户的多元化。随着信息化的发展，人们的信息意识日益增强，用户对信息的需求与使用已成为日常行为的必需，社会上每一位成员都将是信息和知识的需求者，对信息与知识的需求已成为人们自觉努力的方向和习惯，这使得用户对图书馆的信息需求呈现出多元化的特点。图书馆信息服务的对象也有了全新的变化，从有条件限制地为本地区用户服务，转变成无条件地向全社会用户服务。因此，用户群迅速庞大起来。

第二，信息需求的多样化。在网络环境下，信息概念已渗透到社会的各个领域，广泛应用于经济建设以及人们生活的各个方面。用户除了需要学术研究方面的文献外，还需要其他一些全方位的综合性信息，内容涉及众多的学科领域，而且，图书馆信息用户的多元化也加剧了信息需求的多样化。

第三，信息需求的多层次性。随着科技的发展，知识量激增，学科的交叉渗透、综合化、整体化越来越强，用户对信息的需求也是多方面的，既有动态的，也有回溯的；既有国内的，也有国外的；既有科学研究、生产应用方面的，又有社会娱乐方面的。在网络环境下，这种需求更加突出，呈现出明显的多层次性。而且由于信息用户的职业、专业不同，受教育的程度不同，用户个体的知识特征和知识储备不同，也决定了他们对信息需求的层次不同。随着社会分工的不断细化，这种多元化和多层次的信息需求将越来越突出。

第四，信息需求的知识性。信息时代，人类社会生活进一步个性化、多样化，从事的工作更具专业化和创新性，人们再也不满足直接提供文献信息的初级信息提供方式，而是更需要以解决问题、形成方案为目标的、注重知识内容的、针对性极强的深层次服务。这使得图书馆不再满足于为信息用户提供一般性服务，而要通过知识信息分析、综合、整序，以新的序列化知识单元提供给用户。

第五，信息需求的经济性。在信息时代，人们获取信息的渠道是多方面的。除图书馆外，互联网、新闻媒体、其他信息机构等也是读者获取信息的主要渠道。因此读者在获取信息时，其方便程度、信息成本等成为读者的一个重要考虑因素。

第六，信息需求的系统性。过去，用户的信息需求只能在一个图书馆或一定范围内得到满足，所以用户需求的全面性与系统性是相当有限的。随着科学技术的飞跃发展，交叉学科和边缘学科的不断涌现，读者需求已由单一学科向多学科综合信息发展，希望能一次性地获取有关某一主题的目录、论文，和著作的全文、照片、图像、声音等全面系统的有用信息。

第七，用户信息需求的精确性。信息资源的网络化在给人们创造了无限信息能力的同时，也带来了巨大的信息污染，大量信息垃圾造成了信息缺乏。重复的低水平的网上资源，使人们占用了大量的上网时间却找不到所需要的、有价值的信息。因此，在信息爆炸的今天，用户在要求获取全面系统的信息时，不再认为信息愈多愈好，而更注重信息获取的精确性。

第八，信息需求的新颖及时性。社会在不断向前发展，知识在不断更新，及时新颖的信息是抓住机遇、正确决策的生命，同时它又是启迪创新思维、激发创造智慧的火花。因此，用户对信息的新颖性和时效性越来越注重。

二、信息技术环境

现代信息技术是以计算机为基础、以网络为中心、以网络传播为核心的技术，现代信息技术的革命是以网络化和数字化为前景，必将使图书馆由传统的管理与服务模式转化为依托于信息化环境的先进管理与服务。

（一）现代信息技术对图书馆的冲击

第一，理论上缺乏对现代信息技术的研究。随着图书馆事业的不断发展，其自身的理论研究有了长足的进步，而对于信息技术在图书馆的应用方面，相应的研究就显得很少，比如信息技术对图书馆到底有没有影响，有什么样的影响，是理论上制约作用还是实际工作中指导作用等这些理论上的不足，也导致图书馆在现代信息社会中的作用大大降低，新兴信息机构的服务范围中，有很大一部分原本属于图书馆的，使得图书馆在信息社会中的中介作用不断降低。

第二，传统的服务模式使图书馆不能很快地适应新的形势。在新的技术条件下，用户不再受地域限制，不再受环境制约，通过网络就可以实现自己的阅读需求，文献资源共享的广度和深度都大大提高，文献的形式也从单一的纸本向计算机化发展。图书馆是文献收集、整理、加工、传播的机构，理论上说应承担起信息的开发任务，而传统的图书馆服务，主要是借借还还、等读者上门的被动式服务，这种借阅式服务与图书馆本身的功能相去甚远，不能适应新形势下读者的需求。

第三，图书馆的自动化水平还处于起步阶段，自动化水平有待提高。在技术方面，计算机、多媒体，特别是互联网被引进图书馆系统中来，极大地改变了图书馆的自身结构和信息服务环境。显然，信息开放系统的出现，给图书馆的业务发展提供了很好的机会，使图书馆的工作和全球的信息系统联到了一起，但由此对图书馆也提出了很高的要求，图书馆的工作再停留在原有的模式上就意味着消亡。现在多数图书馆已采用现代化设备来处理内部的业务，如采购、编目、借阅等工作，而更重要的数字化和网络导航的工作却少有人去做，馆际的网络互动障碍重重。这已不能适应新的形势，图书馆界强烈要求改变这样落后的面貌。

第四，用户的教育工作还没有达到理想的境界。用户对日益增多的图书馆数字化资源还没能完全接受。有的读者不会使用图书馆现有的新设备，有的读者对现代化的设备感到不适应，造成了不少资源的浪费，资源的使用效益偏低，甚至还损害新设备，大大降低了新设备的使用效率。更有甚者，认为图书馆工作职能是借借还还，只能是提供原始的、基本的借阅服务，没有能力提供系统的、高层次的信息服务，觉得那是一些新兴的信息服务机构的事。因此，这些读者对图书馆信息服务缺乏信任感和认同感。

（二）信息技术的发展给图书馆带来的变革

1. 改变传统的图书载体

随着信息社会的到来，高技术的飞速发展，出版手段与出版方式也发生了很大变化。计算机文字处理技术走向成熟，实现了计算机系统版式设计、文字编辑、整版相纸和相片输出，以及数字数据的再利用，出现了电子出版物。90年代初，多媒体技术的发展和应用，涌现出了多媒体电子出版物，这一切都冲击着传统的图书印刷业。

电子出版物、多媒体电子出版物以磁盘、光盘为载体，具有存贮量大、体积小、成本低、易于复制和保存、检索速度快、使用查找方便、人机界面独具、声图文像并茂的各种功能，明显优于传统出版物。特别是对于各种手册、百科全书、年鉴、音像词典等，这种出版物更能发挥它的优势。由于它往往在著作文本之外编有机检索引，记录文本中的关键词位置，因而能实现随机检索、即时统计、快速关联浏览等，有些电子出版物甚至具有超文本功能，可从不同角度把文本内容联系起来，帮助人们读书治学。

2. 改变传统图书馆的管理和服务

图书馆的日常工作由图书的采购、分编、典藏、流通（借阅）、剔旧等组成，这些又分别包括很多繁杂的工作，由于一系列高新技术的突破和发展，特别是信息高速公路在全球范围的开通，引发了图书馆业务的一场深刻变革，传统管理与服务手段将被淘汰，图书馆每一个业务岗位无不受之冲击。以下是图书馆基本业务工作采、编、流的变化。

（1）采购。传统的文献采集，人们都以印刷书刊形式为主，通过填写订单邮寄给出版社，出版社收到订单，要等图书出版后再发送给图书馆，周期漫长，一般要一年。而新的采购工作，用计算机和通信技术相结合的方式，通过 Internet 网，让全球的最新信息为我所用。出版社和书商在网络上存储新书目录、再版目录，采访部门根据本单位需求选择各类文献，在网上通过 E-mail（电子邮件）订购，出版商按照收到的订单直接在网上向用户传达文献。这样的采购快速、准确、高效。

（2）编目。编目是一项重要的基础工作，一直被认为是图书馆的"高级"智力工作。长期以来，许多图书馆都在做着同一件事。同一本书，被多少个图书馆购买，就要被重复著录多少次，而且良莠不齐。今天这种人力、物力的浪费即将结束，购买书目数据，一家编目，多馆使用。在网络环境下，多馆联合联机编目将成为可能，各馆按照国际、国内 MARC 标准格式编目，统一规范，联合作业，可以极大节省编目时间和提高编目质量，同时提高标准化与兼容程度，便于与国内外其他书目文献数据库接轨。

（3）流通。电子出版物的馆藏要比传统文献大大节省空间，图书不必担心破损要修补，电子期刊再也没有装订成册的繁琐程序，文献也没有了上架与整架的劳苦工作。电子图书没有纸张变质老化问题，而且保存时间长，易于收藏，又很容易被转化成动态的音频制品和印刷型出版物，满足读者多层次的需要。

如果说现代技术的发展渗透到图书馆业务操作和读者全过程，那么在查询检索方面则显示出最突出的优势。读者可在电脑上查阅文献和获取各种数据库信息，也就是说在家庭、实验室、办公室，随时都可以上网拜访图书馆查找资料。这使亲身到图书馆的读者数量明显减少，从根本上改变了"去图书馆借书"的传统观念。加上众多联网的数据库提供了广泛的文献资源，在四通八达的信息高速公路上可实现跨地域、跨国界联机检索，从而使读者方便、快捷地得到任何想要的信息。

3. 改变图书馆存在形式

未来图书馆一些传统业务将逐渐弱化，印刷型文献的相应减少和现代技术的广泛应用，使采、编、阅、流等环节不再是工作的主流。电子出版物正推动着传统图书馆向数字化迈进，使图书馆走出传统静态的藏书模式而向信息集散中心转变。随着网络技术和超文本技术的迅速发展，图书馆界在现代图书馆的基础上又提出了虚拟图书馆的概念。

虚拟图书馆的硬件基础是连接全球的国际网络，无论何人在何地，只需在网上发出阅读请示，网络就可为你调出所需要的书来，而该书可能来自世界上任何一个图书馆。此时各图书馆之间的界限已模糊了，读者是在与世界上所有图书馆打交道，所以虚拟图书馆又可叫作"全球图书馆"。图书馆的作用也就不再是书库的作用，而是作为全球信息网络的节点互联在一起。在虚拟图书馆中书的概念也发生了某些变化，甚至可以把你的观点以"批注"的形式写入到"书"中，从而可与其他读者及作者进行双向交流。从这一意义上说，虚拟图书馆是一个世界性的知识系统、学习系统和信息系统。

4. 变革中的图书馆人

高新技术的应用从根本上改变了图书馆工作的一切环节，但图书馆中受影响最大的还应是图书馆的主宰——图书馆员。信息技术带来图书馆员角色的变化，图书馆员可以重新定义为网络专家、信息中间人和系统设计员。未来图书馆员要具备以下两个条件：

（1）要有计算机、数据库、网络等技术方面的知识。图书馆员不仅要熟知经常使用的几个专题光盘数据库的检索语言和结构，还要掌握数据库其他方面的知识，其中包括从不同主机检索同一数据的个人检索各环节的特性、联机与光盘数据库及同一光盘数据库的不同版本之间的区别、有关数据库结构的知识等。同时还应能修改图书馆的联机目录查询或能生产新的数据库。Internet 数据库结构知识包括从利用远程登录（Telnet）检索远地图书馆目录，到通过利用 Wais 软件使现有数据库转成与 Internet 兼容的数据库。有关数据库的知识不仅横向包括各类数据库结构，而且纵向包括了解元数据库（meta-database）和自动标引的特征点。关于网络知识要了解各种操作系统，各种网络的局限性，还要能检索网络信息源。为解决个别用户的问题，要具有各种操作系统知识和各种图书馆软件功能的知识。除此之外，要承担网络专家的新角色，就是能解决不同操作系统之间不兼容的问题，并能为内部和外部用户创造新的网络服务项目。

（2）要有学科知识和知识评价能力。随着信息社会的到来，人们对于现代文献信息的要求越来越高，单纯的原始文献信息已不能满足需求。这就需要图书馆员们熟悉并掌握高科技的图书馆现代化技术，能对原始文献信息进行深层的再加工，对文献信息内容进行分析研究、综合整理、报导评述，同时能从浩如烟海的文献信息中迅速准确地捕捉和把握新的信息，从复杂的信息源中挖掘出富有创造性的信息产品。因此在信息技术的强大渗透和电子信息服务的剧烈冲击下，现代文献信息服务要求馆员应该既具有较专深的、系统的、信息管理学的基本理论和专业知识，又要具有一定现代化信息技术水平，既能担负起学科建设和科研工作的重任，又能有信息开发的能力和关于信息经营管理的能力。另外，由于研究成果和学术作品也将通过网络以电子形式出版，这将影响到图书馆期刊部日常工作。馆员将参与为用户安装电子刊物而进行的设施开发工作，因此存档技术无疑将成为期刊出版商和图书馆的合作事业。馆员还可能会参与电子出版工作，使他们也成为 Web 网的出版商。

三、信息用户环境

（一）网络环境下用户需求的变化

信息需求是人们在从事社会活动中，面对问题所产生的各种信息需求。用户的信息需求是人的总需求的一部分。网络信息用户是指在科研、生产、教育、管理等各种活动中，利用计算机和网络获取信息的个人和团体。一般意义上讲，凡具有利用网络信息资源条件的一切社会成员，都属于网络信息用户的范畴。网络信息用户需求就是网络信息用户为解决各种问题而产生的网络信息需求。

网络环境下用户需求发生以下变化：

1. 用户群体发生的变化

分析用户群体变化的原因：一是由信息技术发展的硬件环境决定的。信息、通信技术的发展使网络化、数字化信息延伸到每一个角落，图书馆首当其冲地置身于网络环境之中，这是用户群体变化的前提条件；二是用户处于信息化、网络化包围中的软件环境所决定的。我们知道用户需求意识有两种：一种是现实需求意识，一种是潜在需求意识。前者明显地表现为对某一课题、市场、产品、成果等的需求，后者往往需要受到环境的刺激或启发，使潜在需求意识转化为需求行为。而网络环境中的文献、技术、成果、产品、市场、文化、娱乐等无所不含的信息，随时都在改变和调动用户的信息需求取向，这是用户群体变化的必然条件。

2. 用户需求内容发生的变化

有限的馆藏资源已无法满足用户对信息需求的广度、深度，而现代技术及网络环境的实现彻底改变了传统的用户需求意识。从用户需求特征看，用户对信息的需求呈现出全方位广泛化、综合性深度化、快捷方便时效化、任意漫游网络化。从用户需求内容看：①电子出版物；②国内外数据库检索；③Internet 网上漫游；④E-mail 发送及网络联系；⑤计算机知识及语言学习；⑥各种软件操作环境；⑦外语水平的提高；⑧百科、文化知识及娱乐；⑨用户培训等。

3. 用户需求形式发生的变化

网络、通信、电子技术越进步，用户对信息服务形式及信息资源保障的要求越高。其变化主要表现在：

（1）检索手段：由传统的手工检索转向方便、灵活、全面、准确的计算机检索。

（2）检索工具：由书本式检索工具转向国内外多种大型数据库及各种网络信息资源。

（3）检索结果：由书本式检索工具中获得的检索结果多为二次文献，再由二次文献获取一次文献是一个非常繁杂的过程，而全文数据库的建造及网上数字化期刊的大量增加，使用户可直接或方便获取一次文献。

（4）地理环境：传统用户信息需求的保障顺序一般为本馆—本地区—外地区。信息资源的获取及保障打破了地域限制，不仅限于对本馆信息资源的需求，更多地需要获取校外—全国—全球的信息资源。

（5）信息获取：传统的二次文献检索结果需要进一步查找馆藏目录、联合目录，才能查到可获取一次文献的地点，并以信函方式传递，这是一个很长久的过程。网络检索可直接下载检索结果或申请原文订购，用 E-mail 或传真形式传递，只要有网站或通信设备就可方便获取各种信息。

（二）网络环境下用户信息行为的激发

网络空间是一个尚未成形的新社会，乐观论者认为人类能借网络之力对信息资源作出更有效率的重新分配，而这种理想的实现则有待于在新的信息环境下，如何最大限度地了解用户信息需求并激发其信息行为。

首先，应消除用户使用存取系统的误解。线上检索用户除了面对信息检索中介与用户的沟通挑战外，还有用户对信息存取系统的误解。也就是说，用户往往过度信赖计算机的能力，以为计算机会像人一样思考，能自动了解问题的主题与信息需求，作出相应反应。这样的误解使得用户以为不需经过问题磋商的过程，即可立即上线检索，使得检索结果常常无法反映真正的信息需求。

其次，应减少用户信息需求的抑制性因素，刺激信息行为的动机强度。信息行为的压抑因素包括易用性、权限及查询费用等。长期以来，由于信息机构地点、服务时间的阻碍，索取信息程序的繁杂，大大压抑了广大潜在用户的积极性。图书馆作为一种非营利性机构，让用户也习惯了查找资料的低廉费用。本来上网查询用户已承担了网络使用费，而在查询过程中又碰到重重关卡。新技术的应用，促进了信息共享，但也造成了信息流通的虚假繁荣，大量杂乱的免费信息、生活化的信息充斥其中。

与此同时，检索技术造成了信息索取的各种障碍。界面系统的各具特色，多样性，需要用户花费时间来一个个熟悉，各种规则、各系统的浏览器需要下载。各个信息机构虽然拥有各种资源，实际上只能服务其内部的用户（各高校图书馆就是一个很好的例子）。虽然题录数据库一般是公开的，但只能指引查找的线索。全文数据库则有使用权限。看起来服务的项目很多，其核心资源部分，却并不对外部用户开放。网上大多数搜索引擎指引了寻找的途径，却并不给你寻找的结果，而用户寻找结果过程中花费的心力、金钱则白白浪费掉了。在效果和寻找行为得不到统一的情况下，实际上压抑了用户下一次寻找需求的积极性。如此恶性循环，网络给人们查找提供的各种方便就形同虚设。所以我们不必去抱怨我国的电脑普及率、上网率低，地区发展不平衡，人们的信息素养差等问题，而应多从内部找找原因。

针对以上问题，笔者拟提出以下解决方案：

实施用户成功战略。立足塑造一种新的服务形象，促进用户对知识服务的归属感。该策略以提高用户成功率为根本目标和评价标准，其实现用户成功的方法是灵活的，不拘一格的，甚至是富于创造性的、开放的。信息服务可以不以购买为开发控制信息的唯一手段，而应为用户建立一种安排，如互惠使用和互借协议、专家咨询安排等。

试用体验策略。信息机构还没有让用户尝到查找信息的甜头，就将其拒之门外，如何得到双赢？由于人们未曾接触过新事物，不知如何使用，也不知可能带来的后果，所以会产生不确定的感觉。一个人接触新事物，渐渐了解其功能，可降低对新事物的疑虑直至决定采用，并养成使用习惯通常需要相当长的时间。因此信息机构可采取培训帮助、提供免费试用的形式，让用户可在这一段时间内测试信息系统对自己的适用性，并据此决定是否购买其使用权。这样，一方面让用户熟悉和了解系统的使用，权衡所提供的信息是否能满足其工作或生活中所需的大部分信息要求；另一方面也可使系统在用户的建议和要求下不断得到完善。

拓展服务项目，捆绑增值。附带提供气象、银行、购物和游戏等需求量大的信息服务，增强对用户的吸引力，更有助于促使动机转化为行动。用户使用信息源不会只限于某一数据库，如果方便的话他一定愿意获取较多的信息源。所以，多个资源点查寻是用户共同的意愿。这是 Internet 环境的最大特征，也是目前任何信息系统设计时必须提供的功能。

建立与用户的协调机制。信息机构不能仅仅关注于本机构内部的运营和机构所接触到的需求，应走出去，走进用户的生活，走进社会，参与和辅助用户构造自己的信息系统，参与或主持对社会群体各类信息资源、技术和服务部门的管理和协商。

敏锐捕捉用户需求，灵活制定服务方式。用户的普遍心理是就易烦难的。因此，要使用户容易感受到获取信息资源的便捷。信息机构可以伸展出去，利用各种信息渠道主动融入用户的信息交流网，如利用网络咨询、网络导航、信息主动预送等，以灵活、形象、直观的形式来表现服务，抓住用户注意力。

使信息机构成为用户信赖的、依赖的对象。提高其服务过程的人情味，提高服务质量和内容的可感受性，即提供一些看得见摸得着的好处，从而确立其在用户心目中不可替代的地位。当然，必须说明的是，强调用户需求并没有贬低技术及有偿服务，只不过是把激发信息行为的战略思考重心放在用户上。

网络环境下，信息系统的建设、服务都与信息需求、行为研究密不可分。信息需求的研究对帮助用户克服信息交流的障碍，解决信息资源的广泛性和信息利用之间的矛盾，使信息资源的充分开发和有效利用得到有机统一具有重大意义。另外，许多研究指出了用户信息需求新的研究方向，即从多元学科领域进行研究。多元化论点提供了信息需求和行为用户模式的一个方向，因为没有任何单独方法可以塑造人类行为模式。所以，从用户角度出发，思考他们到底需要什么、他们是如何取得信息等相关信息及行为背后存在的原因，才是现今研究必须要走的路。

四、信息检索环境

随着网络技术的飞速发展，信息检索工作已经由传统的手工文献检索发展到智能检索。认清网络信息检索的发展趋势，掌握先进的网络信息检索技术，从浩如烟海的信息中找到所需的信息，已成为当前重要而迫切的研究课题。

（一）网络信息检索的概念理解

网络信息检索是由网络站点、网页浏览器和搜索引擎以及网络支撑组成的检索系统，其中的核心部分，不是众多站点，而是网络浏览器和具有收集、检索功能的搜索引擎。众多站点、页面上信息是网络信息的基本组成部分。在网络发展初期，浏览器和简单的搜索引擎即可帮助人们检索所需的文献信息。浏览器相当于提供了一个信息总目，供用户对各个网站进行直接点击、浏览，通过超文本链接，选择自己所需的信息。浏览虽然方法简易、直接，但随机性强，耗时费用较高。因此，更科学的方法是借助搜索引擎。搜索引擎是网络信息的检索工具，它可以帮助用户输入所需信息的关键词，经由检索服务器处理内部数据库，匹配相关资料并整理后输出，通过网络传给用户使用。

（二）网络信息检索技术发展的现状

网络信息检索开始于20世纪90年代初。1991年思维机等公司、明尼苏达大学、欧洲高能粒子协会分别推出了因特网上检索工具 WALS、GOTHER 和 WWW。目前，WWW 因其集文本、图像、声音等多媒体信息于一体的巨大优势，已占据了信息服务的主导地位，基于 Web 的搜索引擎已成为最重要的信息检索工具。著名的有 Yahoo、LyCoS、Infoseek、EXCite 等。信息检索技术发展到今天，已呈现多种检索技术并存的局面。

1. 文本信息检索技术

文本信息检索技术包括传统文本检索、全文检索两个方面。

（1）传统文本检索。传统文本检索已发展了几十年，它是以文本，特别是二次文献为检索信息源。信息的检索模型有布尔检索模型、向量空间模型、概率模型、模糊集合模型、扩展布尔检索模型等几种；它的检索方式有逐一比较、二分法、随机检索等。具体检索技术有布尔检索、截词检索、限制检索、加权检索、类案检索等。信息的存储方式有顺排资料档和倒排资料档两种。顺排资料档检索采用表变换法。倒排资料档检索通常采用逆波兰法处理提问式，并使用倒排算法等查找文本数据库中的叙词等倒排文档来获取信息。目前常用的是倒排文档的检索技术。流行广泛的文本检索软件有联合国教科文组织开发的 CDS/ISIS 等。

（2）全文检索。全文检索是以全文本信息为主要检索对象，允许用户以布尔逻辑等和自然语言，根据资料内容而不是外在特征来实现检索的先进技术。1959 年美国匹兹堡大学建立了世界上第一个全文检索系统——法律信息检索系统。全文检索系统标引方式有词典法标引、单汉字标引、特殊标引等。检索技术有后控检索、原文检索、期望值与加权检索等，检索功能强大。以全文检索为核心技术的搜索引擎已成为因特网时代的主流技术之一。著名的全文检索系统有 WALS 等。如何最大限度地提高查全率和查准率是全文检索系统一直在努力研究的内容，这需要从全文检索系统的标引和检索技术两方面配合进行研究。在全文检索领域中，还包括超文本检索和基于概念信息检索两方面的研究内容。

①超文本检索。超文本检索技术是以超文本网络为基础的信息检索技术。在超文本检索系统中，正文信息是以节点而不是以字符串为信息的基本单元，节点间以链连接。在检索时，节点间的各种链接关系可以动态地选择激发，通过链从一个节点跳到另一个节点，实现检索。因特网上的搜索引擎代表了超文本检索技术的发展水平，有的还有自动分类、自动文摘、自动索引等功能。著名的超文本检索系统有 Yahoo、Lycos、Infoseek 等。

②概念信息检索。又称"基于知识信息检索"，是通过对文献中的原文信息进行语义上的自然语言处理，析取各种概念信息，由此形成一个知识库。然后根据对用户提问的理解，检索知识库中相关信息，以提供直接的回答。

2. 基于内容检索技术

（1）基于内容检索。即多媒体信息检索，20 世纪 90 年代初国际上就开始了这方面的研究。它是直接对图像、视频、音频等多媒体信息进行分析，抽取特征和语义，利用这些内容特征建立索引，然后进行检索。目前，大量的原型系统已推出，典型的系统有 IBM 公司的 QBIC 系统、美国哥伦比亚大学的 Visuall SEEK 系统等。

（2）超媒体检索。这是超文本检索的自然扩展，检索对象由文本扩展为多媒体信息。它的检索方法与超文本检索是一样的。目前，超媒体检索正向智能超媒体检索和协作超媒体检索方向发展。WWW 是第一个全球性分布式超媒体系统，其他超媒体检索系统有 Harmony、英国南安普敦大学的 Microcosm 等。

3. 万维网信息检索技术

（1）检索方式。万维网是利用搜索引擎为检索手段，它的检索方式有分类目录式（网站级）检索、全文（网页级）检索等几种方式。分类目录式检索即超文本检索，在全文检索方式中，搜索引擎使用网络信息资源自动采集机器人程序（也称"网络蜘蛛""爬虫软件"），动态访问各站点，收集信息，建立索引，并自动生成有关资源的简单描述，存入数据库中供检索，但这种机器人程序的查准率有待提高。谷歌搜索是全球最大的搜索引擎，长期排名世界第一，为全球大部分国家和地区提供搜索服务。台湾网擎公司启动了www.open-find.com 全球搜索引擎网站，资料量是 Google 的 1.7 倍，达 35 亿网页，向 Google 发起挑战。

（2）元搜索引擎。包括多元搜索引擎或集成搜索引擎，是网络检索的后起之秀，是多个单一搜索引擎的集合。它没有独立的数据库，主要依靠系统提供的统一界面，构成一个一对多的分布式且具有独立功能的虚拟逻辑机制。主要的元搜索引擎有 W3 Search Engines、Savvy Search、Metacrawl´er 等。

4. 其他技术

信息诠释树，信息诠释树的关键是信息的关联点，信息的关联具有持续性，每条关联信息又可以再次关联，直到关联的终极。对检索结果信息，组织诠释树，有利于用户对结果进行准确的评估，对结果的反馈修正有很多的帮助。

数字参考咨询，是指建立在网络基础上的将用户与专家和学科专门知识联系起来的问答式服务。建立数字参考咨询系统，有助于用户有效地利用检索工具，更好地利用和理解检索到的信息。

个性化信息服务，是通过建立面向用户的个性化服务机制与用户进行零距离的双向交流，设计出用户所期望的个性化服务模型，可以实现用户当前、明确的需求，也可以满足用户长远、潜在的需求。语义网，就是能够根据语义进行判断的网络，就是希望计算机可以理解网页的内容，使计算机成为智能导航工具。

爬虫软件，能对网页上文献的相关性及所含链接的质量作出一定程度的判断。质量低的网页文献将不再被爬虫标引，就此通过网页标引质量的提高使检索结果的噪音大大减小。

自然语言理解技术，以上许多技术的实现，都依赖于自然语言理解技术的实现，任务是建立一种能够给出像人那样的理解、分析并回答自然语言的结果的计算机模型。

网络信息检索，除了自身技术的发展，引用其他领域技术也是十分重要的，而根本目的就是根据用户的需求不断地发展。以上的技术并不是全部，这里当然无法一一指出，更重要的是期待更多新技术的涌出。

(三) 网络信息检索的发展趋势

1. 可视化趋势

可视化是将数据库中不可见的语义关系用图像方式显示，并表达用户检索过程。可视化检索有许多优点，主要表现在：对文献或检索式内部语言关系的理解，有助于用户判断一个检索中的相关文献；一个透明的检索过程使检索更容易更有效；可视化的环境可以为用户提供更丰富和更直观的信息；相关性在传统的信息检索中指检索结果与检索式相关，而在可视化检索中则指检索结果之间的相关度；使得用户可以进行交互式输入，允许在信息空间进行动态移动，允许用户修改数据的显示方式，使他们理解数据的个人偏好可视化；减少了理解检索结果的时间，可以对相关信息进行聚类分析（Clusters Analysis），而聚类分析可帮助人们发现新的学科点，也可作为反馈的工具；操纵检索的内部过程；提高检索系统与人之间的交互性；检索结果可以模仿网络环境形成拓扑结构图，在拓扑结构图中，所有相关文献或其他类型资源将被归为同类。

可视化技术如今在地理信息系统（Geographic Information System）、产品设计（Product Design）、城镇建设与规划（Urban Construction and Plan）等领域得到了广泛的应用。可视化信息检索系统也已经出现，如中国气象局设置了网上极端气象卫星资料可视化检索页面。

2. 智能化趋势

智能化是网络信息检索未来的主要发展方向。智能检索是基于自然语言的检索形式，机器根据用户所提供的以自然语言表述的检索要求进行分析，而后形成检索策略进行搜索。近年来，因特网上不断涌现的人工智能产品，如智能搜索引擎、智能浏览器、智能代理等，它们将提高网络信息检索的智能化程度，促进智能信息检索的发展。

智能搜索引擎有三个主要的特征：网络蜘蛛的智能化、为特定用户提供相关信息、搜索引擎人机接口的智能化。它可以在因特网中导引用户，不仅在用户进行搜索、浏览时给予直接的支持，而且能够提供具有独立搜索功能的智能体的幕后支持。它还可以预期用户的需求，并有效地抑制关键词的多义性。目前，比较有名的智能搜索引擎有 FSA、Ebise 和 FAQFinder 等。

智能浏览器则是基于机器学习理论而设计的智能系统，经过一定的训练后它可以成为某个领域中熟练的搜索专家,帮助用户在网络中查找信息。如 Web -watchei 能不断地给用户推荐一系列站点并建立超链接。它可以记录数以万计的用户数据来训练自己,从而不断更新知识;它会对成功检索的每一个超链接用代表用户兴趣的关键词加以注释,并存入知库。网络中的智能代理通常是一个专家系统、一个过程、一个模块或一个求解单元。

智能代理可以获得用户的信息需求,自动检索信息和推送检索结果。多智能代理系统还具有信息发现、信息筛选、信息推送和信息导航功能,可满足专业研究人员的特定需求,实现网络信息检索与服务的智能化。

3. 个性化趋势

个性化是指各网站针对不同的用户需求提供有特色的服务内容。个性化服务的实质在于提供真正适应用户需要的产品。事实上,网上已经开始出现专门收录某一领域信息的网站,尤其是在一些热门领域,如 Stock Site 提供股市分析文章、股票分析工具、公司研究文章及与商业和金融相关的新闻。一些大型的搜索引擎已注意到个性化信息服务的提供,如 Yahoo 的 My Yahoo、Lycos 的 My Start Page;Google 的 My Preference 中可对检索用语种、网站语种进行设置,还可将检索范围限制在商业网站、教育网站、政府网站等域名中;Altavista 的个性化定制选项覆盖九个方面:描述语、URL、最近更新日期、网页大小、网站语言、翻译、该站点的更多页面、相关页面、公司情况;Northemlight 的特色之一便是除了可对流行信息进行检索外,还有一个经过人工筛选、分析、标引的专门资源,并提供专门资源中的文献传递服务。一些中文搜索引擎也开始推出"跟踪式"信息检索服务或提供用户定制功能。目前支持个性化信息服务所需的支撑技术已经基本成熟,如 Web 数据库技术、数据推送技术、网页动态生成技术和智能代理技术。可以预见,将来网络的"个性化"功能将得到进一步加强。用户可以预先选择自己的信息源,向自己感兴趣的、值得自己依赖的信息源提问,索取特定类型的信息,用户还可以在一定程度上改变检索结果显示的格式。

4. 多样化趋势

多样化趋势主要表现在:

(1)可以检索的信息形态多种多样,有文本、声音、图像、动画等。目前网络信息检索的主体是文本信息,基于内容的检索技术和语音识别技术的发展,将使多媒体信息的检索变得逐渐普遍。

(2)检索工具向全球化、多语种化方向发展。网络的迅速发展,使得整个世界变成了地球村,世界各地上网人数的不断增多,语言障碍越来越明显。许多搜索引擎已认识到此问题，正在研发多语种引擎以减轻语言不通所带来的障碍。Ahavista 不仅提供了包括中文在内的二十五种语言检索，还提供了五种拉丁语系的语言与英语互译的功能。Google、Yahoo、Lycos、Excite 都在世界各地设立了分支机构，使检索服务本地化，增加服务器，分流用户，提高上网查询速度。它们的本地服务站点，也以本地语言提供当地的主要信息。

（3）网上检索工具的服务多样化。网上检索工具已不仅仅是单纯的检索工具，而正在向其他服务范畴扩展，提供天气预报、新闻报道、股票行情、机构名录、交通旅游等服务内容，并以各种形式满足大众的信息需要。

另外，网络信息检索可以间接地服务于其他行业。例如，数据挖掘技术可用于分析历史数据的变化趋势，预测未来发展方向，发现大量数据中潜在的模式规律，为投资、科研、项目评估等提供有力的依据，还可以系统地、定量地分析目前较为热门的研究发展领域及查询频繁的文献资料种类，可使图书情报部门不断调整信息资料的收集工作，以市场为导向建立一套更为科学的管理方式。

第三节　图书馆信息服务平台建设

在知识经济还未广泛发展的时期，书籍、期刊等文献资料的保存方式主要以人工的收集与整合为主。这种保存方式受到环境、天气、人力等多方面因素限制，稍有管理上的不当，就会导致重要文献资料的损坏甚至缺失。随着信息时代的来临，网络技术与电子信息技术的出现与发展，使信息的管理与传递方式产生了质的飞跃，文本、图像、音视频的出现使得信息的存在方式更为丰富多样，同时这些新形式相对于传统的印刷型文献来说更易管理，信息技术时代也带来了文献信息管理方式的深刻变革。现代信息社会的发展，先进的科学技术与网络技术的不断更新，促使图书馆在文献信息的管理方式与服务方式上发生了根本性转变。

互联网的出现与蓬勃发展，促进图书馆的现代化管理与建设迈向了全方位、高层次的新发展阶段，借助于网络技术与电子信息技术，图书馆对文献信息资源的收集、整理、加工、存储与传递的速度与效率得到了相当大的提升，而且能够保障在传统的教育功能基础上，对服务工作进行加强。在知识经济时代，掌握知识与技术能够保证人们紧跟社会发展的步伐。因此，人们对知识信息有了更高层面的要求，既要求知识信息的数量和质量，又要求保证知识信息传递的快速和准确，传统形式的图书馆资源与服务已明显无法满足人们的现实需求，这对于图书馆为人们服务提出了更高的要求。信息咨询在图书馆中发挥着越来越重要的作用，文献信息的服务需求呈现出多样性、准确性和高效性的特点。建设图书馆信息服务平台已成为当务之急。

一、图书馆信息服务平台构建的必要性

（一）构建信息服务平台是实现网络化信息服务的基础

构建信息服务平台是实现网络化信息服务的基础。网络环境下的图书馆是一个以数字化信息资源为基础，以满足用户需求为目标，以先进的科学技术为手段的综合服务系统。总体来说，文献信息资源的数据化建设是图书馆馆藏的全部资源实现网络化信息服务的前提条件，以此为基础，可以将图书馆看作一个信息界面，用户可以通过这一信息界面进行进一步信息挖掘、信息参考、个性化信息推荐、信息定制和个性化信息等综合查询，以准确查找出符合自身知识需求的最佳结果。

1. 构建信息检索系统

（1）信息挖掘检索。信息挖掘是指在网络数据库中发现知识的过程，在图书馆管理中体现为在资源数据库中检索用户较为感兴趣的知识信息。知识挖掘的作用主要体现为两点：第一，信息挖掘是知识发现的必需环节。数字化图书馆的资源内容异常丰富，可以提供各种类型、熟练庞大的文本、图像、语音、视频等多种媒体类型的数字化多媒体资源。第二，信息挖掘检索可以将特定知识按照多角度的检索视角，从资源数据库中提炼出来，进而为用户提供实用的知识、规律或社会信息，所有用户所需的有用的知识信息都是通过信息挖掘检索得到的。

（2）拟定网络信息资源不同的检索系统。构建信息检索系统，可以从以下两个方面着手：第一，开发启用图书馆 OPAC 联机信息查询系统，可以提供图书馆馆藏书目数据、特色文献数据库等馆藏信息的多方面检索，促进图书馆馆藏资源网络公共检索机制的形成。第二，构建数据化期刊、学术论文、图书等全文文献数据库的智能检索系统，用户可以选择自己习惯的方式查询到所需信息的原始记录，由信息的多重满足转化为一次性满足。

2. 注重信息检索的需求与趋势

（1）定向挖掘搜索功能，以满足不同社会群体的现实需要。定向挖掘搜索功能是指可以采用"对应链接""推荐站点"等方式，提供实用的检索方向和检索引擎。例如，国内很多高校在其网上图书馆首页，都推出了中国教育网、中国学术资源网、外国教材中心、OCLC 文献中心等相关网站链接，这就可以看作定向挖掘检索教育相关网站的服务方式，

将性质相同或功能相似的网站资源建立起网络联系，以满足不同层次、不同领域的用户群体的实际需求。

（2）基于知识内容检索的趋势。基于知识内容的检索是指对媒体对象的语义与上下联系进行检索。对于现代图书馆来说，基于知识内容的检索应成为图书馆数字化发展的主要方向。从信息挖掘的根本性质来看，基于知识内容的检索主要通过媒体对象的语义和视觉特征进行检索，例如，图像的颜色、纹理、形状，镜头中场景和镜头的运用以及声音的音调、响度和音色等。检索的主要对象是图书馆资源数据库中形式各异的数据化信息资源。随着数字化图书馆的兴起与发展，图像、图形、视频和其他多媒体形式，将成为数字化图书馆资源库中不可或缺的重要信息资源，而要对这些信息资源进行开发与利用，基于知识内容的挖掘检索是必不可少的检索手段。

（二）通过数字化信息平台——确立参考咨询服务方式

如今，面临着信息知识的爆炸式发展，传统的图书馆咨询服务方式已经无法满足人们对信息的需求。信息技术背景下图书馆的用户需求不只在于简单的咨询，而是追求更高层次、更高质量的信息分析与处理，既要求体现知识的表层特征，又要求咨询参考具有知识的相关理解与发展态势的预测。通过数字化信息平台建立起的参考咨询方式是从信息化、网络化的角度出发，为用户提供有效的网上参考咨询服务。

1. 拓展信息平台，挖掘和提供信息

数字信息化平台上的信息资源，已经成为图书馆参考咨询工作挖掘和提供的重要资源。目前，网络上已出现了形式各样的建立在新的架构基础之上的知识数据库，包含知识内容甚至包罗万象。互联网应用于图书馆的数字化信息平台，使图书馆自身的物理空间呈现出无限虚拟的状态，信息资源不再有条件的限制与约束。数字图书馆的参考咨询业务突破了传统的馆藏观念，知识信息的载体由传统的印刷型文献，发展为以电子形式为依托的视听型、缩微型、数据库和多媒体信息。

2. 采用现代信息技术建立信息平台主页

建设数字化图书馆首先应将现有的图书馆馆藏资源进行数字化处理，并根据数字信息资源的组织模式，采用现代化信息技术手段建立起信息平台主页。这一平台应当具备传统的服务功能，如主题或关键词检索、分类浏览检索等；同时也具有一些特殊的专业性服务功能，如支持信息检索协议，用户自动获取所需的信息，实现从书目记录检索到全文获取的完整链接。为了提升现代图书馆参考咨询的服务水平，应该以现代信息技术为依托建立

参考咨询主页，形成图书馆的网络在线咨询系统，作为用户参考信息的服务平台。数字图书馆的建设应首先对现有的馆藏文献和信息资源进行数据化，并根据数字信息资源的组织模式，馆藏文献的内容特征和对自身的加工能力，实现二、三级文献资源的数字化整合。整合后的资源可以利用自动搜索引擎，通过电子邮件、网络公告和新闻媒体宣传等方式进行互动式交流的服务。

3. 针对不同用户群体实施个性化咨询

个性化咨询主要是针对不同用户群体的不同需求而制定的专项服务，个性化服务是数字化图书馆信息服务的重要特征，主要针对个别用户或群体提供其所需专用的、具有一定价值的知识信息。

（1）注重个性化数据库的建设。图书馆的个性化数据库的建立主要以某种特有信息资源为参照，具体表现为学位论文数据库、学术成果数据库、书目数据库、档案数据库、典藏数据库和学术会议文献数据库等形式。图书馆既应重视收集保存普通文献材料，又应该实时关注科研与社会领域的前沿知识，重视相关用户的专项文献需求，逐步建立起自身独有的个性化数据库。

（2）确保个性化服务技术的使用。个性化服务技术主要依托现代信息技术、现代网络技术以及现代通信技术进行发展和完善。目前，已经有越来越多的先进技术被应用于个性化信息服务领域，形成了独具特色的个性化服务技术。

二、用户定制方式的数字图书馆信息服务平台建立

现代网络技术的普遍应用为图书馆信息咨询的发展奠定了基础。用户在利用图书馆信息服务平台进行咨询时，通常已经有了明确的知识信息运用的方向与范围。建立用户定制方式的数字化图书馆信息服务平台，是贯彻"以人为本"服务理念的具体表现，也是提高图书馆咨询服务效率的重要保证。因此，在社会发展的全新时期，图书馆信息服务平台具有全新的目标，即定制服务与个性服务。

（一）图书馆信息定制服务

图书馆信息定制服务需要在开放信息资源的描述和交互操作基础上进行，其组织系统具有灵活性和可重构性，其信息资源和信息服务内容可以根据用户的需求进行自由化、个性化定制。

1. 数字图书馆的信息资源与信息服务可以由用户定制

传统模式下的图书馆具有一定的固定性，它的组织系统、文献资源、服务形式等是预

先设定的，且在用户使用的过程中不可修改。但是，这种传统的模式在当今社会是不可行的，因为越来越多的用户渴望在图书馆中寻找和发现新的知识内容，这就要求图书馆要以开放的形态，为用户定制只是发现、收集与传递的交互体系，为用户提供个性化定制服务。

2. 信息定制服务针对性的内容

信息定制服务包括学科检索服务、事实与数据信息检索服务、文献收集与引文检索服务、期刊目录传输、新书推荐服务等，具体表现为：与社会各类用户建立起稳定的联系，注重收集与理解不同用户对图书馆信息资源的需求情况，并将这种情况进行整理与反馈记录；面向社会全体成员，定期向社会成员征集对图书馆工作的意见与建议；指导和协助用户对相关知识进行文献资源检索，有针对性地开展重点学科的课题咨询服务；根据图书馆实际情况编写图书馆专题指南，及时对图书馆新增文献信息资源进行有效的宣传报道。

（二）人性化管理与个性化服务

"以人为本"是现代图书馆工作与管理的根本方针，在网络信息时代，"以人为本"是图书馆数字化建设与发展的基本要求，是需要图书馆工作贯彻始终的重要理念。

1. 人性化管理与个性化服务的提出

"以人为本"思想在社会服务工作中一直处于核心地位，但是随着时代的发展，其概念与内容也在不断被赋予新的内涵。"以人为本"是现代图书馆服务工作的核心理念，在具体工作中表现为：

实行"以人为本"的人性化管理和人性化服务，是现代图书馆经营管理的一种新理念。其主要特点包括：第一，在图书馆的整体环境规划与建造的过程中体现人文意识，设置具有人文关怀的服务设施设备；第二，建立和完善保证知识信息自由平等的服务管理体系，保护用户信息安全；第三，尊重用户的个性与差异，关注个性化服务的内容，对用户无意识的过失和潜意识的错误采取宽容的态度，对待客户热情友善，真诚服务。

2. "以人为本"的人性化服务是数字图书馆建设的主要内容

图书馆的服务与管理工作最终目标是使人的权益得到更好的保障，使人的需求得到更多的满足。人性化服务和人性化管理的顺利实现，需要在以下几个方面进行重点考虑：

（1）创建综合、高效的服务窗口。传统图书馆的服务机制必须进行有效的改革，由分工负责制转变为专人专题制，由刚性管理转变为柔性服务，以此为基础，依靠图书馆的资源信息优势提升整体的服务层次与服务水平。

（2）建立灵活、多样的人性化服务体制。在传统的图书馆管理上，通常过度重视图书馆馆藏资源，而忽视了对资源的开发利用。因此，数字化图书馆应按照用户的实际需要，建立起用户乐于接受的、馆员乐于参与的新型服务模式。

（3）不断研究、提升图书馆的管理目标。依据数字化图书馆的发展态势以及图书馆的现状，不断发现和解决新问题，把眼下可实现的目标与长远的发展目标相结合，明确"以人为本"的人性化服务发展策略，使图书馆的个性化信息服务得以长足发展。

第四节 图书馆信息服务的主要模式

一、可持续发展的信息管理模式

可持续发展是一种全新的关于发展的战略思想，其内涵是"在满足当代人需要的同时，不损害人类后代满足其自身需要的能力"。20世纪80年代，由于片面追求经济高速增长而带来的一系列全球问题非常突出，引起了人们的广泛关注，可持续发展的思想正是在这个时期提出来的。可持续发展离不开信息资源的合理开发和有序利用，高效率的信息服务能使信息得到及时的传递和加速物质、能源、资金与人员的合理流动，将有限的资源进行合理配置，从而促进社会、经济、环境的全面进步和协调发展。可持续发展的信息服务管理模式就是以信息资源的合理开发利用为基础，实行以人为本的管理模式，使信息服务工作在全面、协调、持续发展的同时，为经济发展、社会进步提供强有力的信息保障。

（一）以人为本的信息服务

可持续发展的信息服务管理模式应该是一种以人为本的管理模式。社会进步取决于人的素质的提高，社会信息化的根本动力是人，要使发展的主体—人的信息需求得到满足，信息潜力得到充分发挥，信息素质不断提高，就必须在推进可持续发展的同时，将信息服务工作紧紧围绕着"人"这个主题展开。

信息从业人员是信息服务的主体。信息从业人员素质的高低与信息服务是否能可持续发展密切相关，因此，要做好以下几方面工作：

第一，要对信息从业人员进行培训，不断督促他们改善知识结构，掌握先进技术，以适应变化的信息环境，为用户提供优质服务。信息服务从业人员应掌握一定的信息技术，能熟练运用现代化的设备和通信手段开发和传递信息资源，特别是电子化、网络化的信息资源；应具备扎实的专业基础知识，能对信息资源进行科学组织和加工；应具有良好的人际沟通能力，了解用户的需求，提供令用户满意的服务；同时还应具有超前的观念和敏锐的信息意识，善于捕捉预见性的信息，把握和引导潮流的走向，而不是被动地适应外部环境。

第二，就是要千方百计地满足用户的信息需求，要打破传统观念的束缚，只要用户有需要都应尽量满足，一切以用户为中心，以用户需求驱动信息服务工作。要扩大信息服务的领域，使信息服务渗透到各行各业、各个领域中去。随着网络的发展，人们获取信息的途径越来越多，图书馆要吸引住读者，在竞争激烈的信息服务行业保持不败的地位，就必须千方百计地满足用户的信息需求。

第三，在提供信息的同时进行用户教育。信息服务部门应该通过广泛宣传唤起全社会的广泛关注，通过用户教育增强公众的信息意识，引导公众利用信息服务。在此基础上通过向他们介绍新的信息技术、新的检索途径和方法，逐步改变用户获取、利用信息的传统方法和习惯，达到挖掘用户的信息潜力，提高用户信息素质的目的，这也同时符合社会可持续发展的目标。

（二）信息资源的合理开发和利用

虽然信息资源是一种可再生的资源，但并不意味着对信息资源的开发可以盲目和无计划地进行。信息资源的重复开发，浅层次开发，以及无视用户需求的盲目开发都会带来资金和智力的极大浪费，不符合可持续发展的原则。信息资源的开发应当有明确的目的，通过制定一系列有效措施进行合理、科学的开发。信息资源的开发应遵循以下几条原则：

1. 统一规划的原则

对信息资源的开发应该有一个统一的规划。统一规划的好处是避免各自为政和重复开发，避免资金和智力劳动的浪费，体现注重效益的发展思想；统一规划便于为信息资源的开发利用制定统一的标准，能推进信息服务工作的标准化进程；在制定规划前所进行的信息需求的调查和研究，能为信息资源开发利用工作确立明确的目标，减少盲目开发所带来的危险。

2. 协同合作、扬长避短的原则

各个信息服务单位和部门应当协同合作，在资源、人才、设备等方面进行优势互补，充分发挥各组成部分的潜力，以形成最优化的组合，创造最高效率。

进行信息资源开发利用首先应该分析自身的条件，从客观实际出发来开展工作。对于自身优势应充分发挥,达到物尽其用。对于那些由于客观条件所限,一时还做不到的可以暂时搁置或寻求其他单位和部门的帮助,不要头脑发热,盲目硬上,宁可少而精,不要大而全。

3. 突出特色的原则

对信息资源的开发利用要突出特色,有特色的东西才能吸引用户,提高知名度,才能带来更高的经济效益和社会效益。

信息资源的开发利用应当始终贯彻可持续发展的思想,本着节约资源,减少浪费,重质量、重效益的原则,并强调整体性、持续性和协调性。

(三) 注重信息服务的质量

信息服务不能盲目追求规模的扩张和数量的增加。随着因特网的普及,世界范围内的信息共享变为现实,各种信息服务机构也纷纷成立,竞争也越来越激烈,要吸引用户就必须以质量取胜,提供过硬的服务。由于人们的信息素质是逐渐提高的,对信息服务质量的期望也就随之提高。人们不再满足于低层次的信息服务,而是需要经过深加工的、具有较高知识含量的、仔细鉴别过的真实信息。面对新的需求,信息服务部门应该迅速反应,以 ISO 9000—GB/T19000《质量管理与质量保证》系列国际标准为依据,在信息机构中进行全面的质量管理。

以质量为中心、以全员参与为基础的质量管理,是对信息机构全体工作人员、信息产品、信息服务等方面进行的全方位质量管理,其目的是让信息用户满意,让社会公众和信息机构受益,并使信息机构获得成功。

注重信息服务的质量,就是要将信息服务工作从以数量增长为主,转向既注重数量增长又注重质量提高的全面发展,把提高信息服务质量作为首要课题,努力为用户提供高水平的信息服务。

(四) 强调信息服务标准化

信息资源的分散性、复杂性、多变性、广泛性及随机性等特点,给高效、优质的信息服务带来了很大的困难。同时,我国有许多信息机构尚未采用或未完全采用国际标准和国家标准,因而导致信息资源组织不规范,信息语言和技术不兼容,信息系统不匹配,数据库重复建设,规模小且脱离市场,很多信息机构的运行常处于"睡眠"状态,变成了一个个"自动化孤岛"。这些问题的存在,严重阻碍着我国信息服务工作的发展。为了改变这种局面,必须积极采用国际标准和国家标准,加强对元数据标准的研究,加强信息工作的质量管理和质量认证，以适应新的信息环境。

（五）深化信息服务的超前意识

可持续发展的信息服务管理模式不仅应满足当代人的信息需求，还应考虑到信息资源对子孙后代生存利益的影响。信息服务在促进经济发展的同时，还应考虑到对社会和环境的影响。对于那些对发展经济有利但会对环境造成破坏的产业或项目，就不能为其提供服务。信息服务工作不能只注重眼前的利益，不顾将来的发展。另一方面，由于发达国家和发展中国家在信息资源的占有上存在着很大差异，发达国家妄图利用信息优势控制或影响发展中国家，使之成为发达国家的附庸。这一趋势应当引起我们的警惕，要在大力加强信息立法的同时，尽快实现信息服务由传统向现代模式的转变，为社会经济快速健康发展提供有力的保障。

二、信息服务的社会化模式

（一）信息服务的社会价值取决于满足社会需要的程度

1. 社会发展需要信息服务

信息服务是社会发展和社会需要的产物，当文献数量激增，信息急剧膨胀的时候，社会就需要一种进行信息收集、整理、保管、传递和提供利用的活动——信息服务。一个运行良好的信息服务系统，应该能为社会及时有效地提供各类信息，为社会的经济、政治、文化发展提供信息保障，而现实的情况是：一方面社会急需大量的信息，另一方面信息机构内积压了大量的信息不能被利用，造成了信息服务与社会需求不能紧密结合的矛盾。因此，优化信息服务，使信息服务尽快实现社会化是关乎整个社会发展的重要问题之一。

2. 信息服务用户的社会化

在知识经济时代，用户的概念不再是传统的用户概念——持证读者、单位或系统内的用户。随着网络发展，信息服务可以让全社会所有居民在任何地点、任何时间利用计算机终端，从网络中接受他们所需要的任何信息。也就是说，信息服务的用户将社会化。信息服务的用户社会化之后，所有的信息服务机构都是全民的知识宝库和信息源泉，任何人都可以享受其服务，同时，每个信息服务机构都有义务为社会各个层面的用户提供服务。

3. 信息服务的社会价值取向

信息服务社会价值的有无、大小以及正负，虽然与使用它的人有着重要关系，但就信息服务自身而言，它有没有价值，有什么样的价值，以及有多大的价值，归根到底是由信息服务本身决定的。信息服务机构为用户提供服务同用户享受其服务是同步进行的，也就是说，信息服务的社会价值是与它的服务相统一的、不可分离的，服务本身就意味着价值。信息服务机构为社会提供的服务越多，就越能满足社会对它的需要，因而其社会价值也就越大。因此，信息服务社会价值的实现程度与它满足社会需要的程度是成正比的。

（二）信息服务社会化的实现途径

1. 信息服务内容的社会化

信息服务要社会化，首先是服务内容的社会化。要深入了解用户的信息需求，提供贴近社会、贴近群众、贴近生活的信息内容，使信息服务走进人们的日常生活，成为人们生活中不可缺少的一部分。要实现服务内容社会化就要打破传统的观念，从用户的需求出发而不是从本身所掌握的信息资源出发来进行资源配置，要考虑到各个年龄段、各个知识层、各种不同情况和背景的用户信息需求，提供多元化的信息。既要为成年人提供服务，也要为少年儿童服务；既要为年轻人提供服务，也要为老年人提供服务；既要为知识分子提供服务，也要为普通百姓提供服务；既要为健康人提供服务，也要为残疾人提供服务；既要为个人提供服务，也要为政府机构、企事业单位、社会团体提供服务；既提供正规信息，也提供休闲、娱乐信息；既提供传统的纸质图书信息，又能提供电子版及多媒体的图书信息以及网络信息。总之，要在服务内容上推陈出新、灵活多样，吸引大家都来利用信息服务，使信息工作真正走向社会，在社会生活中发挥其应有的作用。

2. 为用户创造优美的学习、休闲、娱乐环境

利用自身的地理优势和空间优势，努力为用户创造一个优美、舒适的学习、休闲、娱乐环境，是"用户至上"服务理念的体现。要摆脱过去那种引导者、教育者的自我定位，以一种亲和的姿态来为用户提供服务，使用户接受服务的同时有受尊重与重视的感觉。优美、舒适的环境，能安定人的情绪、激发人的灵感、陶冶人的情操，再加上浓郁的文化氛围会吸引更多的人前来接受服务，并将信息服务机构视作打发闲暇时光的好去处。接受服务的人数多了，接受服务的次数多了，信息服务社会价值必然得到提高，信息服务机构的社会威望和社会地位也就随之而提高。

3. 为用户之间的信息交流提供手段

用户不但有获取信息的需要，也有交流信息的需要，信息服务工作要为用户之间的信息交流提供手段。信息服务机构可以根据用户的爱好、专业、特长为用户建立档案，将有

共同爱好或背景的用户组织起来，为他们之间的相互联系提供途径。可以举办一些读书节、读者见面会等活动，促进用户之间的交流；可以办一些刊物，让用户发表读书心得和体会，为用户之间以文会友提供阵地；可以定期或不定期地邀请专家开讲座；还可以利用网络开辟电子论坛，为用户提供电子邮件服务等。个人的知识是有限的，只有通过互相学习、互相交流才能做到取长补短，才能做到较快地扩展自己的知识面。信息服务机构应该不仅是社会的信息中心，同时也是知识、信息的交流中心。

三、信息服务的产业化模式

走产业化道路，提高产业化水平是发达国家信息服务产业已走过的成功之路。图书馆的信息服务产业作为我国信息服务产业的重要组成部分，也必须走产业化的道路。图书馆的信息服务产业发展，应主要向机构企业化、服务商业化、功能社会化和格局多元化方向发展。

（一）思想观念上要有新突破

需要进一步解放思想，转变不适应改革开放和社会主义市场经济的观念。在保证传统信息服务的基础上，结合各单位的具体情况搞经营开发，实行有偿服务和无偿服务，依托丰富的文献信息资源为企业排忧解难，创造良好的社会效益和经济效益，通过多种途径深入开发馆藏文献资源，将开发对象由文献单元转向信息单元，把服务对象由周边扩大到社会，形成服务对象多元化。图书馆要把信息产品推向市场，就必须把开发文献信息资源作为图书馆工作的重中之重。

（二）信息服务由封闭型转向开放型方式

群体性、交互性、分布性和协作性是人类社会生活与工作方式的本来特征。当前以因特网为代表的信息革命，使人类交互协作达到空前良好的阶段。高度的社会分工与协作是社会化大生产的要求，是社会进步的一个重要标志。随着高度集中的经济管理体制逐步被市场为核心的新型经济机制所代替，各类服务机构将由封闭式服务体系转变为开放型的服务体系。对社会分工与协作通过合理调节，可以减少无意义的重复交叉，提高专业化的生产与服务水平，从而最大限度地集中人力、物力、财力和信息资源，面向市场全方位地开拓信息服务。横向联合可充分发挥人才优势与信息资源优势，纵向发展可深化信息服务内容。

目前各信息机构间可组建信息服务联合网，走集团化道路，以形成横向多角化和纵向系列化的信息服务体系。各机构间先由松散的信息合作向相互依托、相互促进、分工协作、资源共享、优势互补演变，逐渐形成规模较大的信息产业。信息服务网可按点面结合的原则，结合各机构的人才及信息资源的配置情况，全面规划、统筹安排。信息服务联合网逐步由虚到实，最后形成信息服务产业实体。在由封闭型向开放型方式转变过程中，信息机构要与科研单位挂钩，与企业等信息用户"结对子"。有目的地开展情报的调研、预测、编译服务以及技术转让和中介服务，在服务过程中逐渐进入生产经营领域，使信息服务社会化、专业化，信息产品商品化。

（三）加强信息服务队伍建设

信息服务是一个知识密集型行业，它的发展需要一大批素质好的信息人才。加强对信息人才的培养，是促进我国信息服务业现代化发展的一项重要措施，要建立一支政治素质好、业务水平精的信息服务骨干力量，应制定出信息服务的长期发展目标，保持信息服务事业的连续性，创造人才交流和培养的良好环境，保持发展后劲。要积极扩大国际间信息业的交流与合作，在外派留学生、学者的同时，还应引进国外的信息技术和人才，加强国内外的沟通。

四、信息服务的综合化模式

（一）综合化服务的特征

所谓综合化服务，就是不受传统职能与岗位分工的限制，积极主动地为读者和用户提供多种形式的服务。与传统的信息服务工作相比，综合化信息服务具有以下几个特征：

1. 以文献内容的内在联系作为设岗和开展服务的主要依据

传统的信息服务工作一般都是按照服务方式和文献类型来划分并设立读者服务机构和岗位的，例如，按服务方式设立流通、阅览、参考咨询、文献检索等服务机构；流通阅览又根据文献类型，划分为中文图书、外文图书、中文报刊、外文报刊等不同的服务岗位；图书又按文理等专业分藏，期刊则按现刊、过刊分别设岗。这种分类设岗、单项实施服务的工作方式，割裂了文献内容的内在联系，不利于读者对某一学科或专业文献信息的利用，有时读者为了获得某一文献信息，需要往返于多个服务岗位。综合化的信息服务就是要克服传统信息服务工作的缺点，不再以服务方式和文献类型作为设岗和开展服务工作的主要依据，而是以文献内容的内在联系和读者对文献信息需求的学科完整性来设立服务岗位，调整文献布局，开展信息服务。信息服务机构可以组建某些学科（特别是综合学科、边缘学科以及相关学科群）的综合文献阅览室，集中解决读者对某些学科的文献需求问题。还可以将计算机及相关设备放置到阅览室，以实现一次信息服务与二次信息服务的一体化，手工服务与计算机化服务的一体化。

2. 把方便读者作为服务工作的出发点

综合化服务的目的是充分利用自身的信息资源和服务设施，更好地为读者和用户服务。综合化服务特别强调方便读者、主动服务读者，凡是不便读者的服务方式都要改，凡是读者需要，对读者有帮助的服务方式都应该尽量采用。阅览人员要全面为读者服务，解答读者的各种咨询；流通人员要在借与还的基础上主动为读者提供多种形式的服务；整个服务工作要破除传统观念的束缚，根据读者的需要大胆进行调整和改革，不断提高服务质量。

3. 将开拓创新作为读者工作的动力

信息服务需要不断地开拓和创新，才能适应信息技术和用户的需求。综合化信息服务应充分体现一个"新"字，要拓宽思路，大胆改革传统的服务工作，不断开发新的服务项目，采用先进的服务方法，形成全方位的服务新格局。

4. 将灵活多样的方式作为服务工作的手段

综合服务要采取灵活多样的方式，不能局限于一种固定模式。从服务部门和服务人员来看，一个部门可以不断改进工作，增加新的服务项目和内容，向综合化方向发展；一个服务人员可以采取多种方式，主动地为读者提供一些综合化服务。从服务方式与内容看，可以组建综合性的服务机构，也可以在原有机构的基础上进行调整，增加服务内容和项目；可以开展文献服务，也可开展非文献服务；可以开展无偿服务，也可搞有偿服务。总之，服务方式要灵活多样，每种项目都要能给读者带来方便，都有利于提高服务水平。

（二）综合化服务的实现途径

综合化的信息服务应该包括以下几种服务：

1. 信息处理服务

世界范围内的数字化信息革命，改变了信息处理服务的分工形式，信息服务机构应尽量将自己的收藏及其他各种信息数字化，应支持各种静态、动态和虚拟的数据库。利用最新的图像处理和文本检索技术建立安全的数据储存中心，使每个电子文件都包含有可检索的目录、索引、摘要和图像等，使任何用户都可以通过计算机进行查阅。

2. 网络服务

在我国，现代信息服务将在"八横八纵"光缆网的支持下，形成信息网络服务体系，在共享软件的环境下，图书馆利用网络系统进行诸如文献采集与传输、联机检索、电子邮件、联机编目与查询、馆际互借等服务。

3. 软件产品服务

软件产品服务主要指对软件的推广和应用服务，包括外国公司的系统软件以及国内优质品牌软件。把那些可以提供的软件最大限度地提供给用户公开使用，使信息机构成为各种软件的试验场与培训地，从而提高和扩大信息服务的水平和范围。

4. 专项服务

专项服务是使信息增值的文献型、技术型和开发型的服务，它随着用户不同阶段对信息不同需求的特点，开展信息发布、信息查询、信息专供、信息调研等服务。同时接受用户的问题咨询、馆际互借请求和专题情报研究等。为读者的研究所提供的专题文献服务，如背景资料综述、最新资料通报、文献价值评估、回溯性专题目录汇编等。

5. 信息整序和检索服务

现代信息服务能够把数量庞大、结构无序、内容相互交叉渗透、分散和重复现象严重的各类信息进行加工、整理和鉴别，确定信息的价值，使信息有序化和浓缩化。从而使信息服务以文献载体为主的宏观型服务模式，向以知识单元为主的微观型服务模式转变。

6. 建立多媒体阅览室

开展多媒体用户培训服务以信息网络为主体的虚拟现实技术的应用，为图书馆提供多媒体电子技术的崭新环境，为了适应电子文献信息服务的需要，图书馆需要建立一个集网络、多媒体光盘为一体的多媒体电子阅览室。在多媒体阅览室的基础上，可以利用大量多媒体教学软件进行多媒体教学，如多媒体英语教学、计算机等级模拟考试等。

7. 外文信息代查、代译和编译服务

开展此种服务是帮助用户克服外文障碍，利用本馆现有的外文文献、参考工具书刊及外语人才，组织编译队伍，出版译报和为用户查阅外文文献等。

8. 建立学科文献综合服务机构

根据读者需求和文献信息的内在联系，调整馆藏和服务设施，组建学科文献综合服务机构是实现综合服务的较好途径之一。有条件的信息服务机构可以根据重点服务对象或馆藏文献特色，建立一个或几个学科的文献综合服务机构，实施综合化服务。可以先选择一个重点服务领域或重点学科，建立一个学科的文献综合服务机构，试点成功之后再逐步推广。

综合化信息服务只有充分调动全体成员的积极性和创造性才能取得良好的服务效果。如果干多干少一个样，肯定达不到效果。因此，综合化服务对管理者提出了更高要求。一方面要切实做好综合化服务机构的建立和综合化服务项目的组织实施工作；另一方面，应制定相应的管理制度和奖罚措施，从精神和物质两个方面激励那些服务成绩突出的人员。只有加强科学管理才能保证综合化服务工作的顺利开展。

综合化服务对工作人员的素质和服务技能也同样提出了更高要求。信息服务机构应注重人员的教育和培训，以提高他们的综合化服务能力，更好地为读者服务。

第五章　图书馆信息服务的职能拓展

第一节　图书馆文献传递服务

一、馆际互借与文献传递服务

《图书情报词典》对馆际互借的定义为："馆际互借是图书情报机构之间根据事前订立的并保证恪守的互借规则，相互利用对方的藏书，以满足读者需要的服务方式。"

《图书馆学与资讯科学大辞典》指出："文献传递服务是应使用者对特定的已确知的出版或未出版文献的需求，由图书馆或商业服务单位等资料供应者，将需要的文献或其代用品在适当的时间内，以有效的方式与合理的费用，直接或间接传递给使用者的一种服务。"

"馆际互借"（Interlibrary Loan，ILL）一词有广义和狭义之分，狭义的馆际互借仅指图书馆之间对出版物的返还式借阅，馆际互借过程由出借馆和借入馆共同完成。广义的馆际互借既包括图书馆之间对图书文献的返还式借用，也包括文献收藏馆利用一定的现代技术手段，向其他图书馆或个人用户提供非退还式的文献，即文献传递（Document Delivery），它包括商业文献提供和电子文献传递。

目前国内外各个图书馆及信息服务机构所开展的馆际互借服务，均交互使用退还式和非返还式互借。即根据用户需求、文献类型、图书馆所处地域情况等因素，选择采取返还式或非退还式互借服务。近年来由于网络的快速普及，使用非退还式馆际互借的比例远远大于返还式的比例。返还式馆际互借服务的工作模式相对简单，即根据一定的协议，由用户所在地图书馆或直接向文献收藏馆提出馆际互借请求，文献收藏馆将用户所需文献借出并提供给提出请求的图书馆或用户，用户使用完之后再将该文献还回文献提供馆。这种服务方式多发生在没有电子版的印刷型文献的互借。

针对电子文献的馆际互借服务一般都是非返还式的服务，是用户通过相应的检索工具确定文献收藏地,然后向信息服务机构提交服务申请,信息服务机构根据申请办理相关手续获取相应文献,通过适当的途径(E-mail、传真、邮寄等方式)传递给用户,以满足用户对该种文献需求的馆际互借与文献传递相结合的信息服务。这种服务模式是由图书馆和其他信息服务机构(包括商业性信息服务机构)充当中介的服务模式。

由于馆际互借与文献传递服务开展机构的性质、采用的技术手段、服务运作模式、工作流程以及组织管理模式等都存在多样性,所以文献传递服务根据不同的划分标准可以分为多种服务模式。根据馆际互借与文献传递服务机构的性质划分,可以分为公益性和商业性服务模式;根据服务采用的技术手段划分,可以分为传真、电子邮件、网络文献传递(FTP、MTP下载)和专用文献传递软件服务模式;根据服务的运作方式可以划分为纯手工方式、半手工方式和全自动方式的服务模式;根据文献传递供应链的组成环节可以分为中介性服务模式和非中介性服务模式;根据文献传递机构的组织管理模式可以分为集中式管理模式、分散式管理模式和集中与分散结合的管理模式。中国目前大多采用分散式管理模式。关于馆际互借与文献传递的服务模式不是本书讨论的重点,在此不再赘述。

中国的图书馆开始较多地开展馆际互借服务是在20世纪50年代。在此之前,上海图书馆协会、国立北平图书馆及中华图书协会也曾建立了图书馆馆际互借制度。1957年,国务院批准实施了《全国图书协调方案》,批准建立全国和地方的中心图书馆委员会和编制全国书刊联合目录两项计划,对全国的馆际互借起到了积极的推动作用。到20世纪90年代,中国的图书馆馆际互借服务得到蓬勃发展。随着网络技术和计算机技术的进一步发展,馆际互借服务与文献传递服务协调并进,相得益彰,取得了较好的成绩。

馆际互借与文献传递服务是图书馆的一项基本服务,从理论上讲,它应该是多元化、全方位的,无论在系统内、系统外,在同一地区内、地区外,在国内、国外均可以开展,只要有合作协议即可。国际图书协会联合会(IFLA)把这类馆际互借称为国际互借(International Interlibrary Loan)。目前一些有规模的商业信息服务公司还提供一站式的文献信息服务,使用户通过书目文献数据库的检索确定所需资源,即可直接在线订购原文。

二、国内典型文献传递系统

近年来,随着计算机技术和网络信息技术的飞速发展,数字图书馆的理念也越来越清晰并被大众认可。信息传播方式的改进对原文传递也产生了深远的影响,服务模式已由传统的信件、电话、物理传输,逐步转向了数字型网络化的电子邮寄,由分散化的独立服务部门转变成联合服务体系。在国内,先后建成了中国高等教育文献保障系统(CALIS)、中国科学院国家科学数字图书馆文献传递与馆际互借系统(CSDL)、北京地区高校图书馆文献资源保障体系（BALIS）、国家科技图书文献中心原文传递系统（NSTL）和中国高校人文社会科学文献中心（CASHL）等基于网络环境的文献信息资源服务保障体系，极大地推动了国内文献传递服务的发展。

（一）中国高等教育文献保障系统

中国高等教育文献保障系统（China Academic Library Information System，CALIS）的宗旨是，在教育部的领导下，把国家的投资、现代图书馆理念、先进的技术手段、高校丰富的文献资源和人力资源整合起来，建设以中国高等教育数字图书馆为核心的教育文献联合保障体系，实现信息资源共建、共知、共享，以发挥最大的社会效益和经济效益，为中国的高等教育服务。

整个保障系统目前采取了全国中心、地区中心和成员馆三层结构。CALIS 管理中心设在北京大学，下设了文理、工程、农学、医学四个全国文献信息服务中心，华东北、华东南、华中、华南、西北、西南、东北七个地区文献信息服务中心和一个东北地区国防文献信息服务中心，目前参加 CALIS 项目建设和获取 CALIS 服务的成员馆已超过 500 家。从 1998 年开始建设以来，CALIS 管理中心引进和共建了一系列国内外文献数据库，包括大量的二次文献库和全文数据库；采用独立开发与引用消化相结合的道路，主持开发了联机合作编目系统、文献传递与馆际互借系统、统一检索平台、资源注册与调度系统，形成了较为完整的 CALIS 文献信息服务网络，初步建成了以系统化、数字化的学术信息资源为基础，以先进的数字图书馆技术为手段，具有国际先进水平的开放式中国高等教育数字图书馆。

CALIS 联合目录数据库于 2000 年 3 月正式启动服务，日积月累，已成为国内外颇具影响力的联合目录数据库。CALIS 由全国著名高校图书馆联袂提供包括文献获取、参考咨询、教学辅助、科研、培训等服务，它将为高等院校教学、科研和重点学科建设提供高效率、全方位的文献信息保障与服务，成为中国经济和社会发展的重要基础设施。

（二）北京地区高校图书馆文献资源保障体系

北京地区高校图书馆文献资源保障体系（Beijing Academic Library & Information System，BALIS），是北京高校图书馆工作委员会领导下的北京地区高等教育公共服务体系之一。其宗旨是，在北京市教委的领导下，把国家的投资、现代图书馆理念、先进的技术手段、高校丰富的文献资源和人力资源整合起来，建设北京高等教育文献联合保障体系，依托中国高等教育文献保障系统（CALIS），实现文献信息资源的共建、共知、共享，以发挥最大的社会效益和经济效益，为北京的高等教育服务，为北京的经济建设和社会发展服务。

BALIS 管理中心设在中国人民大学图书馆，由图工委秘书处代行其职能，负责 BALIS 项目的实施和管理。系统的硬件和软件由中国人民大学图书馆系统部和北京邮电大学图书馆技术部托管。根据工作需要和项目进行情况，现成立 6 个中心，分别由有关大学图书馆负责运行，其中，原文传递管理中心由中国人民大学图书馆负责，馆际互借管理中心由北京邮电大学图书馆负责，资源协调中心由首都师范大学图书馆负责，培训中心由北京师范大学图书馆负责，联合信息咨询中心由北京科技大学图书馆负责。

BALIS 原文传递管理中心是北京地区高校图书馆文献资源保障体系即 BALIS 下设的 6 个中心之一，于 2007 年 11 月正式启动。该中心的建设目的是：在北京地区高校图工委的统一领导下，依托成熟的系统平台，充分利用北京高校丰富馆藏资源和高校间便捷的网络环境，采用集中式门户平台和分布式服务结合的方式，为北京地区高校读者提供原文传递服务。BALIS 原文传递中心由 1 个中心馆和 4 个委员馆组成。其中，BALIS 原文传递管理中心馆设立在中国人民大学图书馆内，其主要职能为：协调各馆的资源及原文传递服务，提供服务支持，负责各成员使用经费的统计和补贴发放以及为成员馆读者提供原文传递服务。其他 4 家委员馆分别是北京理工大学图书馆、中央财经大学图书馆、首都医科大学图书馆和北京农学院图书馆。其中，北京理工大学图书馆和北京农学院图书馆侧重于负责原文传递系统技术方面问题的收集与反馈，中央财经大学图书馆和首都医科大学图书馆侧重服务方面问题的收集与反馈。

BALIS 成员馆的服务对象包括教师、学生、科研人员以及其他工作人员。目前提供的服务内容有：系统内各成员馆收藏的期刊论文、学位论文、会议论文、科技报告、专利文献等文献复制传递，和可利用的电子全文数据库的原文传递（非返还式）服务；接受读者的委托服务请求，提供查询国内外文献信息机构的文献和代索取文献的服务。

（三）国家科技图书文献中心

国家科技图书文献中心（National Science and Technology Library，NSTL）是一个虚拟式的科技信息资源机构，按照理、工、农、医四大支柱组建，成员单位包括中国科学院图书馆、工程技术图书馆（中国科学技术信息研究所、机械工业信息研究院、冶金工业信息标准研究院、中国化工信息中心）、中国农业科学院图书馆和中国医学科学院图书馆。该图书馆联盟的宗旨是：根据国家发展需要，以"统一采购、规范加工、联合上网、资源共享"为原则，收集和开发理、工、农、医等学科领域的科技文献信息资源，面向全国提供文献信息服务，为促进政府科学决策、科学技术研究、人才培养、高新技术产业发展提供服务。其发展目标是建设成为国内权威的科技文献信息资源收藏和服务中心；现代信息技术应用的示范区；同世界各国著名科技图书馆交流的窗口。

NSTL 设有办公室，负责科技文献信息资源共建共享工作的组织、协调与管理，并实行理事会领导下的主任负责制，理事会是中心的领导决策机构，主要负责中心各项工作的组织实施。中心设信息资源专家委员会和计算机网络服务专家委员会，对中心的业务工作提供咨询指导。其具体任务是通过统筹协调，较完整地收藏国内外科技文献信息资源，制定数据加工标准、规范，建立科技文献数据库，利用现代网络技术，提供多层次服务，推进科技文献信息资源的共建共享，组织科技文献信息资源的深度开发和数字化应用，开展国内外合作与交流。

2000 年 12 月 26 日中心开通网络服务系统，是中心对外服务的一个重要窗口。系统通过丰富的资源和方便快捷的服务，满足广大用户的科技文献信息需求。2002 年，中心对系统进行了改造升级。目前该系统的网管中心与各成员单位之间已建成 1000Mbps 宽带光纤网，实现了与国家图书馆、中国教育网（CERNET）、中国科技网（CSTNET）、中国人民解放军总装备部情报所的 100Mbps 光纤连接。系统功能在原有文献检索与原文提供的基础上，增加了联机公共目录查询、期刊目次浏览和专家咨询等新的服务。

目前，NSTL 是我国收集外文印本科技文献资源最多的，面向全国提供服务的科技文献信息机构。NSTL 订购和收集的文献信息资源绝大部分以文摘的方式，或者以其他方式在 NSTL 网络服务系统上加以报道，供用户通过检索或浏览的方式获取文献线索，进而获取文献全文加以利用。NSTL 拥有的网络版文献资源包括 NSTL 订购、面向中国学术界用户开放的国外网络版期刊；NSTL 与中国科学院及 CALIS 等单位联合购买、面向中国部分学术机构用户开放的国外网络版期刊和中文电子图书；网上开放获取期刊；NSTL 拟订购网络版期刊的试用；NSTL 研究报告等。

NSTL 为用户提供的服务包括文摘数据库（可请求原文）、文献检索、引文检索、期刊浏览、全文获取、代查代检、全文文献、参考咨询、热点门户、预印本服务等。目前该中心在全国各地构建了辐射全国的网络化的科技文献信息服务体系，推动了全国范围的科技文献信息共建共享，提升了地方科技文献信息保障能力与服务水平，更全面、更高效率地发挥了国家科技文献信息战略保障的整体功效。

（四）中国高校人文社会科学文献中心

中国高校人文社会科学文献中心（China Academic Humanities and Social Sciences Library，CAHSL），是教育部根据高校人文社会科学的发展和文献资源建设的需要引进专项经费建立的。其宗旨是组织若干所具有学科优势、文献资源优势和服务条件优势的高等学校图书馆，有计划、有系统地引进国外人文社会科学期刊，借助现代化的服务手段，为全国高校的人文社会科学教学和科研提供高水平的文献保障。是全国性的唯一人文社会科学外文期刊保障体系。

CASHL 服务体系由全国中心、区域中心、学科重点中心组成，统一以 CASHL 的名义对外开展服务。其中，全国中心设在北京大学、复旦大学，负责资源整体规划建设和服务，协调各区域中心和重点学科中心；区域中心设在南京大学、武汉大学、四川大学、吉林大学、中山大学等几所大学，在统一规划下负责本区域的资源建设和全国范围内开展文献服务；学科重点中心负责某些学科或领域的重点收藏和建设。CASHL 的服务支持由 CALIS 管理中心承担，负责建设"文献数据库"和提供文献传递系统。

CASHL 于 2004 年 3 月 15 日正式启动并开始提供服务。目前 CASHL 可为用户提供的服务内容有：高校人文社科外文期刊目次数据库查询、高校人文社科外文图书联合目录查询、高校人文社科核心期刊总览、国外人文社科重点期刊订购推荐、文献传递服务、CASHL 馆际互借以及专家咨询服务等。其中，高校人文社科外文图书联合目录查询收录了 CASHL 全国中心（北京大学和复旦大学）2300 多种人文社会科学外文期刊，可提供目次的分类浏览和检索查询，以及基于目次的文献原文传递服务；高校人文社科外文图书联合目录查询，提供北京大学、复旦大学、武汉大学、南京大学、吉林大学、中山大学以及四川大学 7 所高校图书馆的人文社科外文图书的联合目录查询；高校人文社科核心期刊总览包括由北京大学图书馆主持编纂的《国外人文社会科学核心期刊总览》和被 SSCI 和 A&HCI 收录的核心期刊，带有"馆藏"标识的可提供文献传递服务，带有"推荐"标识的可以推荐订购。

第二节　图书馆参考咨询服务

一、参考咨询服务概述

图书馆参考咨询是图书馆管理员利用各种工具书、参考资料为用户提供利用知识、寻求知识等方面的帮助，这个过程主要是帮助用户解答疑难问题。图书馆参考咨询主要是通过协同检索、解答咨询等方式，向用户提供相应的事实依据和文献检索线索，以便用户可以更加顺利地进行信息的查询。随着经济的发展，利用网络检索已经成为解答疑难问题的主要方式，这种方式速度快、效果好，这是一种适应社会发展要求的、新的咨询服务方法。

最近几年来随着经济的发展，图书馆已经开始开展全方位、立体化的用户咨询服务，这个服务将作为深化当前用户服务的一项重要措施。图书馆为了达成这项服务，进行了多种多样的积极尝试，并在尝试中取得了良好的成绩，这项成绩将为图书馆以后的发展做出突出的贡献。以国家图书馆为首，各个图书馆先后开设了用户咨询服务窗口，开始施行全员咨询服务，取得了良好的效果。从正面效应分析，全员咨询服务开展的优势是十分显著的，一方面开展全员咨询服务可以方便用户阅读；另一方面开展全员咨询阅读可以提高馆员队伍的素质，并为图书馆增加创收项目。

（一）参考咨询服务的必要性分析

1876年，塞缪尔·斯威特·格林（SamuelSwett Green）《图书馆员和读者之间的个人关系》一文，被世界公认为是最早开展参考咨询服务的文章，这篇文章中也强调了开展参考咨询服务是用户所必需的，这是图书馆适应经济发展的必然举措。

参考咨询服务不是在现今社会产生并发展的，在很早之前就为人们所服务，但是随着经济的发展、时代的进步，传统的参考咨询服务显现了它的不足之处。传统的参考咨询服务一般由书目服务和解答疑难问题服务所组成，这些服务需要在馆员的指导帮助下才能进行。在传统的参考咨询服务中，参考咨询服务被认为是协助图书馆工作（图书馆情报工作、开发文献工作等）的重要手段。

随着信息时代的到来，信息技术正以迅猛的速度渗入人们生活的方方面面，并在很大程度上改变人们的生活方式。所以，图书馆在当今社会的使命已经不再是完成"线下"的知识传授，而是要探索如何将知识信息的组织与整理技术运用到网络上，并在网络上进行资源编目，把无序杂乱的网络空间变成有序的数字图书馆。这个项目的实现需要借助现代信息技术手段，通过搜索、挖掘、筛选、分类、标引以及建立索引、动态链接等为用户提供服务。因此，现今的图书馆参考咨询服务不再局限于传统的服务形式，并是在原来的咨询内容、手工服务方式上都有所突破。

网络参考咨询服务是指在网络环境下，图书馆参考咨询服务人员针对用户提出的问题给予的个性化服务，这个服务要以现实图书馆收藏的各类信息为媒介，并借助现代信息技术、多媒体技术以及网络传输技术来实现。随着网络信息技术的不断发展以及知识的更迭速度不断加快，图书馆需要提高自己本身获取、处理、利用信息的能力，这已经成为增强核心竞争力的重要手段。随着时代的不断发展进步，网络开始覆盖社会上的各行各业，信息服务的领域不断拓宽，用户的需求也在不断改变，这个时候图书馆就需要做好参考咨询服务的工作，以便在最大程度上为用户提供上乘的服务。

（二）参考咨询的作用表现

第一，有利于社会用户增强信息意识和竞争意识，提高科技水平。参考咨询服务需要通过信息教育的方式转变用户的思想观念，并通过信息服务提高用户的专业知识、操作技能等，使得用户可以更好地了解信息、认识信息、利用信息以及整理信息。

第二，有利于各行各业实现职能转变，提高科学管理和经营水平。参考咨询服务有一个非常重要的服务就是科技情报服务，科技情报服务作为一种导向类服务，其本身是企业获取先进技术、开发核心产品的有效手段。各行各业有了它作为信息导向，将会很快适应市场行情的变化，并在政府宏观调控下以最短的时间、最小的成本去实现最大化的效益。

第三，有利于引进先进技术和设备，促进科技成果尽快转化为生产力。技术往往是企业决胜千里的关键所在，这是因为好的技术将会提高企业的产品质量和产品数量，将会影响企业生产产品的成本，将会提高企业的经济效益。所以，只有充分发挥科技情报的尖兵作用，才能促使企业积极引进先进的技术装备，才能为企业增添新鲜的血液，这个时候参考咨询服务才能真正起到科技成果转化为生产力的纽带作用。

（三）参考咨询服务的模式

1. 数字参考咨询模式

数字图书馆的研究在目前正处于白热化的时期，这个时候与之相关的各种问题越发凸显，基于网络的数字参考咨询服务随之应运而生，并随着技术的不断发展而不断进步。数字参考咨询也被业内学者称为虚拟参考咨询或网上咨询等，它的称谓有很多种，但是它的功能和实质却是不变的。数字参考咨询主要包括基于实时交互技术、基于电子邮件以及基于网络合作的数字参考咨询等，基于网络合作的数字参考咨询主要以前两者为依托，并在前两者基础上融合现代信息技术发展出来。

数字参考咨询与传统参考咨询最大的不同就是它不在图书馆的物理环境中开展工作，而是以每个用户所在的物理环境为中心；提供服务的也不再是一个图书馆的图书管理员，而可能是多个图书馆的多个图书管理员。它不再将一个用户作为一个图书馆的永恒用户，而是将用户作为联合图书馆的公共用户，这样，用户可以在咨询的过程中获得个性化的服务。

我国目前开展数字参考咨询的图书馆，都是以电子表单、留言簿以及 BS 公告栏等方式出现的。数字参考咨询标志着图书馆开始采用网络平台的方式开展自己的专业，这是传统参考咨询的延续和发展，是图书馆运用数字化技术开展的典型案例。然而，它只是一对一获取事实性咨询服务的一种方式，侧重答复读者的疑问，而不是指导利用。由于参考咨询过程受时间限制，不能长时间进行深入交流，因此大型课题的咨询就会难以开展下去。所以，要想将各类参考咨询活动顺利地开展下去，就需要与其他咨询方式结合起来进行，只有这样才能取得良好的效果。

2. 图书馆教育模式

纵观图书馆的发展历史，人们会发现参考服务的兴起是美国公众教育的产物，但即使参考咨询服务产生了，人们也不知道如何使用它，所以就产生了如何使用它的问题。随着经济的发展、技术的进步，人们在图书馆教育模式创新上取得了很大进步，如对大学新生进行图书馆的入馆教育，包括对新生开展文献信息检索教育、图书馆服务宣传推广教育以及教育学生如何使用图书馆的指南手册等，这只是对新生进行的理论教育，图书馆还需要对新生实施实践性教育，包括现场的操作演练、图书馆的实地模拟教育等。传统的图书馆教育模式只是让学生通过传统的培训获得基础的知识，很多图书馆的实践操作技能用户很难自己掌握，这也就使得用户无法充分运用图书馆进行信息的检索，而现代的图书馆教育是将原来的教育模式进行改革，并融入多媒体技术、数据库等新兴技术，通过将这些技术融入教育模式之中，使得教育更加具体、形象。图书馆教育模式的最大特点是满足了相同需求的某一群体用户，如教师、学生、科研人员等，它将传统的教育模式进行改良后与虚拟的网络教育相结合，使越来越多的用户获得网上教育和网上咨询服务。

二、参考咨询服务的主要内容

（一）解答咨询服务

解答咨询服务是指对用户提出的一般性知识问题的解答，如对有关事实、数据问题的解答。在解答的过程中，解答咨询服务人员需要针对用户提出的问题进行资料的查阅，然后直接将答案回复给用户；或者引导用户使用某一类工具进行问题的检索，但是需要注意的是，如果用户不会使用该类工具，解答咨询服务人员需要先为用户讲解该项工具的使用方法。解答咨询服务是参考咨询服务的最初模式，是参考咨询服务最基础的内容，其解答咨询的方式有很多种，如口头回答、电话回答、网上回答、表单回答等。对于一些比较常见的问题，图书馆会通过设置咨询台等服务方式来解决，这是一个非常常见且有效的解答方式，这个方式适用于口头回答。

1. 解答咨询的类型

（1）事实型咨询。事实型咨询是指读者针对某一个具体的知识进行提问，这个知识可能是某个人物、地点、中英文词汇、产品的成分等，甚至可能是某个产品的生产商、产品的性能以及产品的价值等，这些都是简单易回答的问题，可以说是事实类问题，针对这类问题，可以让用户从相关工具书中直接获得。

（2）专题型咨询。如果用户在咨询的过程中涉及某一课题专业性知识的时候，馆员就需要指导他们如何查找专业性文献（中外文图书、报刊、专业册子）、如何使用专业性文献。

（3）导向型咨询。导向型咨询主要是指导读者查找和积累一些与专题有关的图书资料而进行的咨询。在此类咨询中，读者提问的重点不是具体的文献或文献内容，而是检索方法，咨询人员这时的作用是进行检索辅导。

以上三种咨询问题的回答分三个层次，口头咨询是参考咨询最基本的方式，是第一层次，读者和参考咨询员直接接触进行交流；第二层次的解答为一种书目咨询，是较深层次的咨询；第三层次是一种情报检索服务。

2. 解答咨询的范围

从用户咨询问题的内容来看，解答的范围大致分为以下几类：第一，介绍馆藏资源；第二，介绍图书馆的各项规章制度、行为规范及图书馆的整体布局结构；第三，提供文献资源利用指南；第四，提供常见的问题解答服务、在线辅导文献查询服务。咨询服务质量的高低，不仅与参考咨询人员的自身素质有关，还和图书馆自身的馆藏文献有关，只有这两者都提高了，才能为用户提供质量上乘的优质服务。所以，在用户需求的文献比较精深的时候，就需要参考咨询馆员深入挖掘文献背后所隐藏的知识信息，并将这些信息整理规划传输给相关用户，但不是所有的问题参考咨询馆员都可以解答。比如，我国台湾"中央图书馆"曾就这个问题给出明确的回答，即参考咨询服务的第一项工作任务就是为用户提供咨询解答，但除了需要执行一般的参考咨询服务外，还需要对学位论文室、期刊室、善本书室、缩影资料室、汉学资料室等提供参考咨询服务。同时，参考咨询馆员不需要对学生作业、猜谜、翻译书信、鉴定古玩字画等进行服务指导。

（二）书目参考服务

书目参考服务是指参考咨询服务馆员对用户提出的研究性问题进行指导，在指导的过程中参考咨询服务馆员需要提供相应的专题文献、索引等，以及提供用户查阅的各项文献资料，以解决用户咨询的问题。由于此项咨询服务不是直接为用户提供答案，而只提供用户所需的相关资料以及解决相关问题的建议，所以被称为"书目参考咨询服务"，又被称为"专题咨询服务"。对于一些未经提问或常设的课题，很多图书馆都会通过编制专题目录等，主动向用户提供相关的信息服务，开展书目的情报服务，这个传统图书馆参考咨询服务中的一项重要内容，在网络环境下的书目参考服务——学科服务、书目数据库建设等，则是现今网络环境下的书目参考服务。书目参考工作的立足点和出发点是文献的信息处理加工。课题的选择需要以现实的实际需要为依据，在选择材料的时候，需要针对某一观点所需要的文献，做到尽善尽美，全面、系统地收集其所需要的相关文献资料。

在实际的工作中主要应该注意以下几点：第一，选题需要根据书目建设的时间长短来确定；第二，根据参考咨询部门提供的普遍性问题以及常用的检索工具来确定选题；第三，根据当前的工作重点来确定选题，选题需要适宜。

1. 网络资源学科导航数据库

网络资源学科导航数据库是指将网络上分散的资源通过分门别类的方式集中整合起来，以实现网络资源的集中处理、配置和优化，并对导航信息进行多渠道的内容咨询，方便网络用户可以按照科学分类的方式进行数据查找。

（1）信息资源的选择。

网络资源学科导航数据库与其他导航工具相比具有非常大的优点，如实效性、专业性、易用性等。在网络学科资源的获取上，需要着重以下四个方面的内容。

第一，重视内容准确性，强调学术价值。用户查找信息主要是为了满足相关工作的需要，这个工作一般是指科研工作，这类工作对信息质量的要求相对来说比较高，因此在资源的获取上需要选择某学科范围内有一定深度内涵、能反映时代发展脉络的学术资源。在资源的选取过程中，学科的内容范围和准确性是其首要考虑的内容。

第二，重视信息制作发布者的可信度。在进行图书的选择时，作者、出版社需要准确核对；在进行期刊的选择时，需要选择核心期刊，将核心期刊提供给用户使用；网上信息的发布者往往也是需要着重考虑的一个重要因素。在进行这些资源的选取时，需要选择权威机构或者是与本学科学术刊物的相关出版单位等，只有选择这样的机构才能保证信息的准确性与可信度。

第三，重视信息的稳定性。网络资源不是一成不变的，而是时刻发展变化的，但是网站和网页具有相对稳定的特性，这在很大程度上方便用户的使用。其中，印刷型文献的数字化、网络期刊等都是比较稳定可靠的，在信息的获取上也十分方便。

第四，利用方便性程度。科研工作的性质往往要求科研人员必须掌握数量庞大的知识信息，这些信息必须能够真正帮助科研人员进行知识的探索。所以，网站的方便与否、人员查找文献资源的习惯、访问工具的使用等都需要被考虑，只有将这些问题处理好，才能更加方便人员使用网站。

（2）信息资源的获取途径。

在网络环境下，如何使用正确的途径和手段获取网上的各类资源，将成为构建学科导航数据库的关键，也将成为未来指导图书馆发展的关键。到目前为止，获取信息资源的途径主要有以下几种，包括权威网站、搜索引擎、网址类检索工具书、专业性期刊与学科主题指南、利用开放获取的信息资源。

第一，权威网站。具备专业资格的权威网站都会设有网络导航类的栏目，这类导航往往设有多个搜索引擎入口，用户可以通过这些搜索引擎的入口进入页面，浏览页面里的内容；同时还会设有相关专业的网站热点链接，这类链接往往具有非常强的实效性；此外还设有对某些专业站点的点评。因此，这类权威网站可以称得上是获取信息的重要渠道。

第二，搜索引擎。用户可以利用搜索引擎，将其作为搜集信息的工具。其一，用户可以利用搜索引擎的分类功能进行信息的查询；其二，用户可以根据提供的关键词进行检索，但这类检索很难在检索的资料中发现较专业的学术信息。

第三，网址类检索工具书。随着经济的发展，涌现出了非常多的网址导航类网站，这类网站集合了非常多的网址，并按照一些规定的分类方法将其进行分类，网址导航是互联网最早的网站形式。随着时间的推移，这类网址导航类网站已经成为获取学科信息的有效途径之一，此类网站一般分为两类：通用网址导航和专业网站导航。

第四，专业性期刊与学科主题指南。很多专业期刊都会提供本专业领域主要的一些网址信息，专业类的部门或协会也会在相关杂志或网站上提供相关的专业网址信息，同时在很多印刷本上也会有这类网站的介绍。

第五，利用开放获取的信息资源。开放获取（Open Access，简称OA）又称为"开放存取"，是图书出版界、图书情报界为促进科研信息交流、传播而采取的途径。其目的是促进科学技术的交流，使科学技术在交流的过程中不断发展，提升科学研究的利用程度以及提高科学研究的效率和质量。利用开放获取的信息资源，是指用户可以将评议过的文献资料、学术论文上传到互联网上，使用户可以免费获取这类文献信息，而不需要考虑这类文献的版权限制。

2. 书目数据库

书目数据库（Online Public AccessCatalogu System，简称OPACS），是历史上较早出现

的一类数据库，这类数据库主要是依据公共联机书目查询系统，并向用户提供储存和检索的功能。从第一个书目数据库建立开始到现在，世界各地已经建立了非常多的书目数据库。常见的书目数据库检索系统主要包括主题词表、关键词、分类表、索取号等，主要用来展现馆藏的各种文献书目。书目数据库的建立不仅适应情报政策的背景，而且还体现一个图书馆的馆藏资源现状，并且在一定程度上可以方便人们对于资料的查找。

书目数据库的检索方式有以下几种：

（1）简单检索。简单检索是一种使用字段检索的操作。不同的书目数据库系统向用户提供的字段检索词不完全相同，但都包括对于作者名、关键词、主体、书号等的检索。很多书目数据库都会使用下拉菜单的方式，用户可以从下拉菜单中选择自己想用的检索字段，并在这里面输入自己想要检索的词汇就可以进行简单检索。采用这种检索方式检索出来的记录，包含用户输入的检索词或输入检索词中的一个单元词汇，但是各个单元不一定是相连的，也不一定是在同一个字段。关键词检索对于检索词的要求不高，甚至很难说检索词具有准确性，这就是为什么有的书目数据库会向用户提供模糊检索。

（2）高级检索。高级检索也被称为"匹配检索"，即提供布尔逻辑组合等复杂检索功能，可以帮助用户实现不同字段的检索。在检索的过程中，书目数据库会为用户提供主题、出版社等组配检索词。

（3）限定检索。书目数据库所含有的数据资源非常繁多，因此为了提高检索的准确率，系统需要对检索的范围进行限定。书目数据库系统设置了多种不同的检索限定方式，如馆藏地、文献类型、出版社、出版年份等几种方式。有的书目数据库为了缩小检索的范围，还向用户提供了二次检索，这种检索方式的出现将会大大提高检索的准确率。在正常的情况下，用户可以直接在书目数据库的主页面上进行核心期刊、外文文献、中外图书的检索，但是要想准确进行检索就需要对检索进行限定。

值得注意的是，书目数据库的建设不是一项简单的工作，这是一项非常烦琐的工作，在工作的时候需要耗费大量的人力、物力、财力。因此，对于一般规模小的图书馆不需要建设自己的书目数据库，而可以同他馆一起使用已有的书目数据库，这样会节省一定的建设资金。

（三）信息检索服务

信息检索可以按照一定的方式方法组织和储存起来，并按照用户需求检索出有关信息的过程。信息检索按照检索的手段划分，可以分为手工检索和计算机检索；按照检索对象划分，可以分为文献检索、网上信息检索以及数据库检索等。在传统的信息检索中文献检索是其主要的检索方式，现代的检索是以网上信息检索、数据库检索为主要内容的检索方式。随着经济的发展，本馆资源导航、学科信息门户等的建设和使用，已经成为21世纪信息检索的重要工作内容。

信息检索作为情报工作领域的一项重要工作内容，其实质就是将用户的检索内容与数据库中的资源进行对比，然后将对比后的结果传递给用户。

信息检索服务的主要内容包括以下方面：

1. 回溯检索服务

回溯检索服务不仅仅要帮助用户查找最新的文献资料，而且要根据用户的检索词，帮助用户查找近几年甚至是几十年的所有文献资料。回溯检索服务特别适合申请专利时为证明新颖性而进行的检索服务，同时也适合用户对于文章和教材的编写。

2. 定题检索服务

定题检索服务主要是针对用户的检索服务要求所提供的，并且需要定期向用户提供各种最新的情报，让用户及时了解所需要信息的最新动态，这也被称为"跟踪服务"。这是一种可以长期持续下去的服务，所提供的资料都是最近新发表的而且是具有权威的文献资源，这可以让用户及时了解行业的最新动态，可以把握科技发展的方向。

3. 全文检索服务

信息检索需要根据用户的检索要求，利用全文数据库检索提供的检索功能进行文献的检索，查找并直接把查找到的文献资料全部提供给用户，用户可以从中筛选有用的信息。

4. 数值型或事实型数据检索服务

根据用户的需求，系统会为用户查找一些如参数、常数、市场行情等，这些数据都是经过查找可以直接使用的。

三、图书馆参考咨询服务的措施与对策

（一）确定发展方向

参考咨询服务应立足于图书馆资源和网上资源现状，并将工作向社会化、网络化、数字化方向发展，同时需要将工作面向整个社会，在服务社会中实现参考咨询服务的价值。

（二）设置参考咨询服务部门，开展参考咨询服务工作

图书馆设置参考咨询服务是更好开展工作的标志和必备条件。参考咨询要想更好地服

务广大用户，就需要将传统的咨询部门与以现代科技为手段的咨询部门融合起来，具体来说就是图书馆应该建立一个"以信息技术为手段的参考咨询服务中心"，统一协调全馆的参考咨询服务，帮助用户解决参考咨询服务过程中遇到的问题。在建立以信息技术为手段的参考咨询服务中心的时候，不仅要建立一个部门，还要将这个部门细化，如建立参考咨询服务窗口、建立导向性服务大厅等，同时需要指定人员协助用户查找馆藏资料数据。建立以信息技术为手段的参考咨询服务中心不是一蹴而就的事情，这件事需要循序渐进、由浅入深地开展，这样才能让用户和馆员更好地接受。由参考咨询服务中心主导开展的咨询活动，这个咨询需要覆盖各个专业深层次的客体咨询，同时需要将网上的各类资源囊括在内。与此同时，图书馆需要根据参考咨询部门的设置，配备具有一定专业知识和专业技能的检索工具，只有够专业，才能满足用户不断增长的需求。

（三）加强自身建设，完善服务体系

随着网络环境的不断完善与发展，全新的信息载体、需求理念、咨询内容、咨询要求也随之出现。在这样的大环境下，图书馆需要加强自身的功能建设，完善图书馆的基础设施和技术条件，提高全馆人员的综合素质，构建全新的参考咨询服务体系。

（四）提高图书馆参考咨询馆员的素质

一个合格的图书馆参考咨询服务馆员必须具备专业参考咨询服务能力，这个能力也可以说是参考咨询服务经验，包括网络检索的经验、良好的职业道德素质、勇于奉献、开拓创新的精神等，只有具备这些经验的参考咨询服务馆员，才能为用户提供满意的参考咨询服务。

1. 转变观念

第一，图书馆自身需要转变观念。需要转变人才培养观念，将原来的以培养和提高多人能力为中心转变为培养和提高全馆人员的整体素质上来。第二，参考咨询馆员自身需要转变观念。参考咨询馆员需要根据时代发展的要求，掌握全新的理论知识和专业技能，只有这样才能与时俱进。同时，参考咨询馆员需要不断地鞭策自己，需要在实践中不断地总结经验，只有这样才能成功地实现角色的转化。

2. 采取有效措施，提高参考咨询馆员的整体素质

在开展参考咨询服务之前需要考察参考咨询馆员的整体素质，如果馆员的整体素质不能满足参考咨询服务的要求，就需要图书馆加强对人员的培训，通过培训使馆员具备一个

合格参考咨询馆员的资质，如具备广博的知识、敏锐的信息掌控力和良好的职业道德素质。同时，图书馆需要加强参考咨询馆员的业务能力，鼓励在职馆员继续教育，通过继续教育更新馆员的已有知识结构体系，只有这样才能提高馆员的整体综合素质。

（五）强化合作交流

受信息资源、地域差异、语言类别、历史文化等的影响，很多图书馆无法满足用户日益增长的个性化需求，因此开展合作式的参考咨询服务势在必行。合作在现代汉语中的解释是人与人之间、群体与群体之间为达到共同的目的，彼此之间采取相互联合的方式，这是合作的实质。合作咨询的实质是馆内之间共享馆内资源以及馆内人员的才智，这样做可以扩大参考咨询服务的范围，同时可以提高参考咨询服务的质量，可以更好地满足不同人群对于参考咨询服务的需求。此外，图书馆可以依托网络资源构建形式多样的参考咨询服务中心，建立合适的图书馆网上咨询栏目。图书馆内各个部门需要充分发挥自身的优势，发挥全员的优势，加强基础分工，在合作中解决用户的各类问题，提高图书馆的办事效率。

第三节　图书馆竞争情报服务

竞争性是市场经济的属性之一，我国是社会主义市场经济体制，随着社会的发展，人们对竞争情报的需求增加，各种信息咨询机构、情报研究组织等涌现出来。有着"信息资源库"之称的图书馆，应该勇敢地面对挑战，充分分析自身的优势，开展竞争情报服务，以满足社会的需求，也为自己开拓新服务，让社会大众重新认识图书馆。

一、竞争情报的基本含义

竞争情报简称 CI，即 Competitive Intelligence，也有人称之为 BI，即 Business Intelligence。竞争情报是指关于竞争环境、竞争对手和竞争策略的信息和研究，是一种过程，也是一种产品。过程包括了对竞争信息的收集和分析；产品包括了由此形成的情报和谋略。[1] 根据 SCIP（美国竞争情报专业人员协会）的定义，竞争情报是一种过程，在此过程中人们用合乎职业伦理的方式，收集、分析、传播有关经营环境、竞争者和组织本身的准

---

① 陈雅洁. 浅析图书馆开展竞争情报服务 [J]. 内蒙古科技与经济, 2014 (19): 141-142.

确、相关、具体、及时、前瞻性以及可操作的情报。简而言之，竞争情报是一种信息过程，运用合理的方式方法收集信息情报，其目的是分析现今的竞争环境，以此掌握竞争对手的信息，预测竞争对手的意图，并在此过程中，形成竞争情报产品。

二、图书馆开展竞争情报服务的必要性及优势

（一）图书馆开展竞争情报服务的必要性

信息时代使得人们对于信息的需求和要求都越来越高，图书馆作为信息组织的一分子，要想继续生存并更好地发展下去，图书馆再也不能故步自封，必须改变自身的服务范围、内容及方法等，从传统的"藏书楼"变为现代化的"信息资源库"。竞争情报服务其实就是信息服务的延伸和拓展，是对文献、信息资源的再次挖掘，而图书馆的本职工作就是这些。因此，开展竞争情报服务只是图书馆更专业、更深层次的服务，也是图书馆发展的一次机遇。

1. 有助于图书馆的可持续发展

由于网络的大力普及，人们已经越来越习惯利用计算机搜集网络信息，特别是电子书、数据库等数字资源散布网络以后，人们对图书馆的光顾随之减少，图书馆出现了严重的危机，甚至有人提出"图书馆灭亡论"。在现代化程度越来越高的年代，图书馆遭遇了前所未有的打击，面对如此严峻的形势，图书馆只有大范围"整容"增强信息服务能力，提供深层次、专业化信息服务，以全新的面貌展现给社会大众，才能保住自身的地位并得到进一步发展。竞争情报的大量需求，是图书馆生存并得以发展的一次机会。图书馆开展竞争情报服务，能促进图书馆员素质的提高，使图书馆信息服务更加专业化，从而赢得更多用户，进而帮助图书馆进一步发展。

2. 有助于提升图书馆的社会地位

图书馆曾是"藏书楼"，主要是收藏图书，人们对图书馆的认识——主要是借阅图书的地方，重藏轻用，对于其他的信息服务了解不多，也就将图书馆定义为养老退休集中地，并认为图书馆的工作是极其简单的，不需要专业知识都能做好。因此，图书馆的社会地位一直不高。市场经济条件下，竞争异常激烈，竞争情报也就非常重要，图书馆开展竞争情报服务，可以让社会大众把眼光放到图书馆，证明图书馆工作也是需要专业知识支持的，能够提供非常具有社会意义和价值的服务。这些都能帮助图书馆重塑形象，让社会重新认识图书馆，进而提高图书馆的社会地位。

3. 有助于吸引人才，提高馆员整体素质

社会的快速发展，让整个社会极富活力。图书馆开展竞争情报服务这一极具挑战的工作，能吸引专业人员进入图书馆工作，从而有利于图书馆整体馆员素质的提高，特别是原有馆员，将会有相当大的压力，压力迸发出动力，促进大家共同提高、共同进步。

（二）图书馆开展竞争情报服务的优势

图书馆是信息服务中心，已具备海量的、各种载体形式的文献资源，其知识面涉及广，且已拥有一支具备专业信息服务能力和经验的团队，这些都是图书馆得天独厚的优势。

1. 信息资源优势

竞争情报服务是以各种信息为基础的服务。图书馆经过长期的积淀，拥有丰富的、各种专业领域的、广泛的、载体形式多样化的信息资源，这些资源涉及面广，涵盖各类知识、科技信息、技术情报等，内容非常系统、连续、完整和实用，是图书馆开展竞争情报服务现有的强大优势。

2. 人力资源优势

开展竞争情报服务，需要专业的信息咨询人才。图书馆作为一个信息服务机构，已具备了拥有一些信息分析与处理能力的信息人员，他们已经有相关专业知识，具有一定的快速搜索并获得信息的能力、分析与处理信息能力、有效传递信息的能力。而且图书馆的信息人员已经在工作中累积了丰富的实践经验，熟悉图书馆的各种信息资源，并且知道如何更加快速、有效地利用这些资源获得有用的知识、情报，将这些知识、情报分析、整理成情报产品，提供竞争情报服务。

3. 情报用户优势

图书馆拥有丰富的信息资源，这是众所周知的、公认的事实。这给图书馆建立了一个良好前提，使得人们有个潜意识，这是其他咨询机构或者公司所没有的社会信誉。并且图书馆一直都在进行信息服务，有一定的信息服务经验；另外，图书馆已经和科研院校有着密切的联系，特别是高校图书馆，更是有着让人们信服的能力。图书馆的用户当中就有着许多潜在竞争情报用户，科研人员的工作促使他们了解并懂得利用图书馆的信息资源，对图书馆相当熟悉，与其他信息机构相比，他们能更快地与图书馆建立服务关系。这又是图书馆的一大优势，图书馆应该改被动为主动，争取更多的发展机会。

三、图书馆开展竞争情报服务的措施

（一）增强竞争情报服务意识，加大宣传力度

图书馆员必须先建立竞争情报服务意识，必须先认识到开展竞争情报服务是图书馆的一次发展机遇，也是一项具有挑战性的工作，不论是对本馆，又或者是对馆员本人都有着相当大的影响，必须正视开展竞争情报服务的重要性和必要性。不仅图书馆的工作人员要意识到开展竞争情报服务的必要性，还应该大力宣传，让社会大众知道图书馆开展了这项服务，以赢得竞争情报用户的到来。孤芳自赏毫无益处，图书馆需要向人们展现自身的能力，也必须面向社会，积极面对时代发展带来的挑战，积极进取。

（二）定题跟踪服务

所谓定题服务，即信息员利用自己拥有的专业知识技能，主动与用户联系，共同商量，并结合用户的需求，精心确定信息服务内容。所谓跟踪服务，即信息员与用户共同制定信息跟踪服务计划，用户研究课题进展到哪里，提供的信息服务就动态地服务到哪里，并以多种形式与他们保持联系，了解他们课题进展情况，将分析"整理后与该课题相关的国内外研究动态"发展趋势等方面的专题信息产品，及时地提供给他们，为他们修正研究方法提供可靠的信息依据。实行定题跟踪服务可以使信息员置身于知识创新活动之中，实现信息产品的社会效益。

（三）提供专题剪报、数据库服务

开展专题剪报服务是最有效、最省时的收集公开信息的方法之一，这是由国内外竞争情报服务多年来的实践验证的。图书馆可根据自身的信息资源丰富的优势和企业不同时期的信息需求，开展各种专题剪报服务，为企业提供针对性、及时性强的有关竞争对手、竞争环境、及时性竞争策略的信息。利用图书馆丰富的馆藏信息和网络资源，将分散的馆藏、网络信息，通过收集、分析、整理、筛选，建立竞争情报专题数据库，建立与该企业相关的行业动态库，科研成果库、人才库、国内外行业市场销售情报数据库等，为企业决策者了解相关内容随时提供方便。

（四）为企业提供竞争情报工作培训

开展竞争情报服务不只是向用户提供竞争情报产品，还可以设计竞争情报培训课程，

帮助用户提升竞争情报意识和能力，以实现双赢的效果。培训的内容可针对几个方面进行，例如：竞争情报的认识与意识培训、竞争情报搜集等专业知识与技能、正当合法的方式方法去获得竞争情报等牵涉到各方面的内容。在培训的过程中，图书馆员也在学习进步当中，既能更加全面地了解用户的需求，也能进一步寻找到服务中的不足之处，取长补短。长此以往，图书馆的服务将会越来越好，越来越有实力。

总之，竞争情报服务是图书馆的发展机遇之一，图书馆要抓住这个机会，努力做好专业信息服务，提供深层次、高质量的信息服务，争取竞争情报服务用户，将信息服务工作拓展成图书馆的新品牌，为图书馆的发展增砖添瓦。

第四节　图书馆个性化信息服务

图书馆作为我国区域性的知识服务和信息交流共享机构，不仅需要满足公民用户的信息服务和科学研究的需求，也需要主动向它的用户提供多种多样的信息服务。随着大数据时代的到来，各种信息数据呈海量的方式增长，读者想要准确、快速地获取到自己需要的信息越来越难；随着个性化定制服务在服务领域被重视并应用，图书馆亟待推出个性化的信息服务来满足读者对于多种信息及知识获取的需求。

一、个性化信息服务概述

（一）个性化信息服务的概念理解

图书馆信息服务主要指图书馆利用各种馆藏信息资源，为用户提供有价值的信息服务过程，其服务对象是具有客观信息需求的不同社会主体。而个性化信息服务是指：根据信息使用者的信息使用行为模式、习惯、特点等，来向用户提供满足其具有个人特色的个性需求的内容。如今学界对个性化信息服务的概念并没有统一的标准，但我们可以通过一些方面来理解个性化信息服务含义：①在服务对象上，个性化信息服务的对象并不仅仅局限于有需求的个人，而有着某种共同特征的特殊群体同样也是服务的对象；②在服务内容上，个性化信息服务并没有特定的服务内容，它随着用户信息需求不断变化发展；③在服务目标上，个性化信息服务不仅为用户提供特定的信息，也为用户提供信息系统服务或各种问题的解决方案。

（二）个性化信息服务的常见种类

1. 个性化定制服务

个性化定制服务主要包括个性化页面定制服务和个性化内容定制服务，指用户根据自身习惯和爱好，自己选定信息的形式、来源、模式，形成一个专属于自己的信息服务系统。个性化定制服务以用户为中心，具有灵活多样、主动性强的特点。图书馆可以建立私人的电子图书馆，从服务的界面到提供信息的内容，对用户提供个性化的定制服务，使用户能够更加容易地获取到所需信息，促进用户对图书馆的信息资源利用及提升图书馆的信息服务水平。

2. 信息推送

信息推送也是图书馆较为常用的一种个性化信息服务方式，它是通过有关的推送技术以及各种移动平台，在后台主动向用户推送相关的信息服务。图书馆在微博、微信和手机 App 平台上，根据用户的浏览和检索历史，绘制用户画像，寻求用户的喜好信息并主动推送来吸引用户的点击，以此实现图书馆的个性化信息推送功能。此外，在一些 App 和各类平台的功能设计中，用户还可以主动设置推送的内容（包括种类或者范围）和时间，实现了信息服务个性化和主动性的统一。

3. 智能代理

所谓的智能代理就是广义的信息服务系统以智能的方式代理用户，具有高度的智能性和自主学习性。它通过追踪用户在各种信息环境中的信息行为，找到用户的兴趣和爱好，然后再进行系统的算法分析，会主动发现一些和用户兴趣相近的内容，通过各种信息推送让用户看到。信息推送中，各种软件向用户推送一些系统后台认为会引起用户兴趣的内容，而这个内容首先通过智能代理筛选出来，才可以进行后面的推送服务。

4. 个性化检索服务

个性化检索服务的内容主要通过可视化词表来展示，在用户对图书馆信息资源进行检索时，检索界面会显示一个与用户搜索关键词相关的可视化图表，最后可以使用户的检索信息结果更加接近其实际信息需求。这个功能在各种搜索网站检索界面都已实现，节省了用户的检索时间并且可以帮助用户准确地表达检索要求，只要从可视化词表选择符合自己检索需求的词即可。

二、图书馆个性化信息服务面临的问题

第一，底层个性化信息资源建设不完善。信息资源建设是图书馆提供的个性化信息服

务的基础，部分地方图书馆由于人力和物力的局限，网络数字信息资源建设并不完善。表现为：①在资源整合上，当今信息资源的分散性和多样性使得整合难度变大，不利于用户的检索获取；②在资源利用上，图书馆对资源采集虽多，但相当一部分资源与读者的需求处于脱节状态，读者对于资源的利用率较低。资源建设尤其是资源的分类和利用是制约图书馆个性化信息服务的普遍因素。

第二，服务评价监督体系缺失。良好的服务评价监督体系能够优化图书馆个性化信息服务水平。目前多地图书馆尚未建立有效的个性化信息服务监督评价机制，缺乏具体的指标来衡量服务的效果和满意度。同时个性化服务的建设优化也只是自发去做，并没有一个明确的指导目标。读者在使用图书馆个性化信息系统及服务时，遇到困难或者问题时，并没有一个有效的反馈和建议渠道。

第三，缺乏针对用户需求的调研。任何服务质量的评定都是用户决定的，目前图书馆的个性化信息服务提供得多，对读者的需求以及潜在需求了解得少。其中包括用户信息获取的习惯和方式分析，用户群体分析，对于特殊用户群体的需求也并没有深入挖掘。和服务评价一样，用户研究也缺少有效的途径和方式来收集并研究用户的需求。

三、图书馆个性化信息服务的提升对策

在当前云计算和大数据的背景下，图书馆个性化信息服务有着良好的发展前景，但在图书馆中，由于图书馆功能和馆员的思想还未彻底转变；图书馆的各种条件包括人力、物力、财力条件的限制，导致个性化信息服务模式的构建还有所欠缺。因此，图书馆个性化信息服务在多个方面亟待完善。

（一）以用户为中心，重组信息服务体系

在图书馆内树立"以用户为中心"的思想，关注用户的个性化信息需求，将用户需求纳入服务期望，并与服务的内容环境相结合，以此来提升图书馆个性化信息服务水平。确立以需求为中心的服务范式，从资源为中心转向以服务为中心，从用户被动走进图书馆转向图书馆主动走近用户，从人力密集型管理转向智力密集型，从基础设施到上层服务全面重组图书馆信息服务体系，根据用户需求来提供个性化深入的特色信息服务。

（二）重置需求与服务的关系

传统图书馆信息资源的需求与服务的关系为资源决定服务，服务决定需求。但在现今的状态下，信息环境发生了数字化、网格化、开放式等转变，用户的需求与行为在发生重大的

变化，越来越多的用户把搜索引擎作为他们的生活模式，对于图书馆和图书馆员的依赖程度逐渐降低。因此，传统的需求与服务的关系在现在并不适用，我们需要形成新的认识，即需求决定服务、服务决定资源、需求决定存在、服务决定成败。图书馆只有将需求放在首位，把服务紧密连接需求，有目的地开展资源建设，这样才能达到信息资源利用的最大化。

（三）建立健全服务监督评价体系

服务监督评价体系是图书馆在建设信息服务中较容易忽略的部分。良好的服务评价监督体系能够优化图书馆个性化信息服务水平。服务监督评价体系分为线上监督和线下监督，线上监督主要包括用户在使用图书馆的检索系统和各个平台过程中，可以随时随地地对服务水平进行评价和提出意见。线下监督主要包括线下的服务打分考核，对用户发放满意度调查问卷等。通过各种评价指标来对图书馆信息服务进行监督考核，对发现的问题及时整改完善，使图书馆个性化信息服务能够取得长足的发展和进步。

（四）提高馆员素质，培养专业化馆员

在图书馆中，图书馆员是对用户不可或缺的一个角色。随着信息服务方式、理念的变化，现实环境对图书馆员的专业化要求也就随之提高。图书馆对现有人才的专业素质、业务素质、技术技能和信息素养的培养是当务之急。体现为：①在人员的招聘上，限定图书馆相关专业，实现图书馆员专业化这一基本目标。②加强对现有图书馆员的培训，提升馆员服务意识。在如今的图书馆环境下，图书馆员要充分实现他们的信息导航功能，从而提供更具价值和个性化的信息服务。

（五）探索构建个人数字图书馆

个人数字图书馆是以用户为中心，可操作的个性化信息资源搜集组织的门户。个人数字图书馆是未来图书馆个性化信息服务的一个重要改革方向，个人数字图书馆集成了先进的个性化定制技术和信息处理技术，用户只需拥有一个账号就可以实现对自身个性化信息资源的定制服务。图书馆要探索个性化集成的个人数字图书馆服务模式，提供数字资源、学科分类、参考咨询、网络搜索等服务，实现个性化信息服务的系统定制。

总之，服务是图书馆实现其目标和职能的途径，提供可以满足用户需求的个性化信息，是良好服务的体现。图书馆要想更好地生存和发展，要想满足社会大众对信息的需求，发展特色的个性化服务是必经之路，而这条道路需要学习的方法和理念，对图书馆来说都是一次改革和创新，需要不断地努力和学习。

第六章 图书馆信息服务创新的新技术应用研究

第一节 云计算技术助推图书馆信息服务创新

图书馆作为各种信息技术应用的重要领域,云计算及其应用已成为图书馆界新的研究热点。云计算以互联网为中心,提供更为快速、便捷的数据存储和强大的网络计算服务,改变了人们获取信息、分享内容和互相沟通的方式。云计算的实质是让用户能够随时随地访问和获取数字化图书馆的知识服务,用户在互联网的任何地方都能得到和在图书馆内部一样的体验。随着云计算时代的来临,图书馆信息服务有了全新的思路和技术。云计算将改变图书馆信息服务的模式和现状,突破传统的信息传播模式,将信息无障碍地传送到用户手中。因此,云计算将大力提升图书馆的网络信息管理与服务水平,也必然会对新的图书馆信息服务模式带来前所未有的影响和发展动力。

一、云计算环境下的图书馆信息服务内容

图书馆是信息服务的重要载体,信息服务的核心内容主要由信息组织、信息获取、信息服务三部分构成。在云计算环境下,通过"云"整合馆际间的网络服务,将互联网上数字图书馆整合成分布式的网络图书馆,像一个巨型网络服务器一样为读者提供服务,信息交流的渠道和方式更为丰富和多元,为图书馆改变服务内容、服务方式以及提高服务层次提供了良好契机,也为信息资源整合与信息服务创新迈向云时代拓展了新的发展空间。

(一)信息组织

信息组织是信息获取和信息服务的基础,云计算提供的基础架构即服务能使信息基础设施得到真正共享。基于云计算的 SaaS 服务与图书馆资源建设服务软件(SaaS)是基于云计算的一项重要云服务。通过 Internet 提供软件的模式,云供应商将应用软件统一部署在自己的服务器上,图书馆只需通过互联网租赁即可搭建自己的应用系统,依托云计算平

台的强大数据存储与处理能力，对多种异质、异构的数字资源进行集成与重组，提高信息可获得性。图书馆根据用户需求设计新的服务流程，通过共享和动态的供应来实现网络投资的利用率最大化，进一步提升自身对分布式海量数据服务做出及时、准确相应的服务能力，为信息资源管理及服务方式变革奠定基础。在云计算环境下，以用户的信息需求为依据组织信息资源，是图书馆信息资源组织的根本指导思想。图书馆要以用户的信息需求为依据，确定信息资源组织的内容、载体形式与组织模式，通过建立各类学科导航、门户网站等方式对馆内信息资源进行组织，方便用户按照学科、主题或知识门类浏览各类学术资源。

（二）信息资源获取

随着信息环境的变化，知识更新的速度不断加快，图书馆用户的信息需求心理受到环境的影响，对信息资源的需求心理转换速度越来越快，对信息质量的实用性期望值越来越高。越来越多的用户要求在搜寻有用信息时，不仅要求图书馆提供的信息服务能够做到省时、省力，并对所要查询与检索的信息希望图书馆能够简化环节，方便快捷地提供综合性强、多视角、更深层次的信息服务。在云计算环境中，相关的文献、信息存储在图书馆"云"之中，用户可以在任何时间、任何地点方便、快捷、安全地获得图书馆的相关信息或服务。用户信息获取方式分成两大类——目标引导与偶然得到。

在云计算环境下，有目标引导的信息获取方式占主导地位，如信息检索、有目标的信息浏览、信息交互等。信息检索是一种最常用的有目标的用户信息获取方式，是用户根据特定的需求，运用某种检索工具，按照一定的方法，从大量信息资源中查出所需的资料或信息的过程。用户使用图书馆"云"服务，就如同使用本地计算机一样方便，能够进行全方位的用户交互。信息交互是一种双向的信息交流，信息获取的个体可以通过所交流的信息满足认知上和情感上的信息需求，信息交流互动也是用户在云环境下信息获取的方式之一。

（三）信息资源服务

云计算模式下，图书馆应该摒弃从前粗放型的服务观念，根据读者的具体需求定制个性化信息服务，以吸引具有特定需要的用户获取和利用图书馆的特色信息资源。个性化信息服务是网络信息服务发展的重要方向，也是图书馆云服务发展的重要方向。图书馆在个性化信息服务实践中，可注重探求引入基于情境和情境感知的方法，改善个性化信息服务的针对性和有效性，如 Kwon 等创建的 NAMA 原型系统，通过用户情境、用户描述等信息发现用户的信息需求，主动为用户分析、设计、提供和改造各种可能的个性化资源和服务机制。同时，SaaS 和 PaaS 平台为用户提供精准的智能信息检索服务，系统会自动搜集、权衡和评价与搜索关键词相关的各种资源，通过认知推理，为特定用户给出恰当的答案。在云计算模式下，图书馆之间可以共同构筑图书馆"云"的信息共享空间，并分享图书馆"云"内的大量信息，而不必投资相关的硬件，大大降低了图书馆的运行成本，通过云计算技术，用户可以随时随地地获取其他图书馆的资料，有效地提高了图书馆的服务质量。

二、云计算给图书馆发展带来的机遇

第一，有利于实现优质服务，提升用户服务满意度。云计算的应用将带来改变，硬件水平不再是限制，仅仅一个浏览器就能够满足用户的所有需求，其他事情将由云计算服务提供商代为解决。在云计算模式中，相关的文献、信息存储在图书馆"云"之中，读者只要拥有一种接入互联网的方式（电脑、手机、掌上电脑等），就能在任何时间、任何地点方便、快捷、安全地获得图书馆的相关信息或服务。

第二，提高了图书馆信息资源的安全性。目前，图书馆中的信息资源大都集中在本馆内的服务器上，其管理难度越来越高，所需的存储容量和安全要求进一步扩大。这些服务器一旦出现故障，就无法给读者提供正常的服务，更严重的情况下可能导致数据的丢失。在云计算模式中，数据集中存储，数据中心的管理者对数据进行统一管理、分配资源、均衡负载、部署软件、控制安全及进行可靠的安全实时监测，从而使图书馆真正实现可靠、安全的服务。

第三，可提高图书馆信息资源的共享程度和资源利用率。在云计算模式下，图书馆之间可以共同构筑图书馆"云"的信息共享空间，并分享图书馆"云"内的大量信息，真正消除数字图书馆资源孤岛状态，实现全球级的数字化图书馆资源共享。

第四，能为图书馆降低服务成本，提高服务效率。传统纸质图书馆馆藏成本大、分散性强、共享性差、资源不能得到充分利用和开发。在云计算环境下，图书馆只需利用按需付费的特点，就可以便捷地从云计算服务商那里获取最适合的服务，支持图书馆数据库的良好运转，有效地控制运行维护费用。

第五，满足图书馆海量数据的存储需求。"云"中上百万的计算机可以容纳海量的数据，并可以随时更新和增加，能够存储更多的数据。利用成千上万服务器，云中不同类型的存储设备通过应用软件集合在一起协同工作，并且具有动态扩展性，满足图书馆海量数据存储需求。

三、云计算环境下图书馆服务模式的变化与创新

第一，增强互操作性。图书馆可以应用云计算技术对数字化资源进行存贮、管理，并提供读者网络化利用，很大程度上改变传统的窗口流通服务模式。图书馆采用云计算环境下的各种 OpenAPI 接口，用户就可以直接读取互联网上的特色数据，从而拓展图书馆的读者服务形式和内容，最终大大增强互操作性。

第二，提供个性化服务。图书馆服务理念的转变，个性化服务应该是图书馆的服务重点。用户对图书馆的使用方式和习惯发生变化，对传统的图书馆服务提出了向个性化、时效性、多样性、综合性转变的要求。

第三，改变数字资源发行模式。云计算可能会改变数字资源出版、发行以及提供利用方面的一些原有模式。如电子图书出版后，直接将版权卖给数据存贮方，由他们来提供给读者阅读，读者使用可能会按时或按阅读量来收取版权使用费。

第四，提高了资源查全率。云计算技术存贮与检索利用方便，各图书馆的各种资源可以和云结合起来，全球图书馆的信息资源将得到真正的整合和共享，云存储可以极大提高资源查全率，而云计算则为更精确查准提供可能。

第五，最大限度地发挥图书馆作用。在传统图书馆服务模式下，用户一般必须使用计算机才能利用图书馆的电子资源。云计算环境下，当用户有应用、计算、存储等需求时，可以借助云计算的强大无线接入功能，自由地使用手机、掌上电脑等设备享用云图书馆提供的服务，从而使图书馆资源中心的作用得到最大限度发挥。

第六，实现图书馆自动化服务。在未来的云环境下，图书馆的各类应用软件都不会安装在本地，而是安装在云计算机群中。通过实行云计算的图书馆自动化系统，图书馆工作人员可以实现轻松自如的网上办公，他们只需专注于自己的工作，其他系统更新、设备维护等都交由"云"和厂商的管理员完成。

第七，创新图书馆信息服务队伍。"云图书馆员"提供服务。云计算环境下，服务与内容将存在于云中，图书馆员依托云而非实体图书馆提供服务，成为"云图书馆员"。图书馆人不再受 IT 技术的束缚，把节约的时间和精力用于钻研图书馆业务工作，熟悉云计算、学习云计算的思想和方法，解决各种基于云计算的技术问题，进一步提高服务水平和质量。

总之，云计算模式的出现，给网络环境下图书馆的发展带来了机遇，同时也不可避免地对传统图书馆的运行模式和管理服务理念造成一定冲击。图书馆界要深刻地认识这次变革，利用好"云计算"的东风，创新服务，提高服务质量，充分发挥自己的作用。具体的

服务方式将会随着云计算在图书馆界的深入应用而产生,这是一个发展的过程。读者的信息需求是不断发展的,图书馆的服务创新一刻也不能松懈。目前,云计算还处在应用探索期,会遇到许多问题,相关技术和工具还在不断完善中。同时,云计算本身的不成熟和安全风险方面的问题,对于图书馆应用云计算也是一个障碍,距离真正开展云计算平台建设还有很长的路要走。

第二节 大数据技术驱动图书馆信息服务创新

我国图书馆行业经历了较长的发展历程,在具体的图书馆运营过程中,通过不断的工作积累,图书馆内储存了大量的数据和信息。庞大的信息数据管理和储存都对图书馆的运营工作提出了更高的要求,这些数据对图书馆的未来发展具有重要作用,通过对这些重要数据的分析和处理,为图书馆的发展提供重要的数据支持。传统的图书馆数据管理是一项效率低下,且工作内容繁重的工作,庞大的信息数据处理和分析给数据管理工作带来一定难度。随着信息技术的发展,大数据时代背景下,图书馆的数据信息管理工作迎来了新的变革和发展机遇,为图书馆的数据处理和储存提供了更多可能性,同时有效提高了图书馆信息处理管理工作的效率和质量,加强传统图书馆服务理念的变革和创新。大数据信息设备的应用,对有效地促进图书馆行业的建设发展,为读者提供更好的服务,满足市场发展的要求具有重要意义。

一、大数据技术与图书馆信息服务之间的联系

(一)大数据背景下图书馆信息服务管理水平的新要求

随着信息技术的发展与进步,传统的图书馆信息服务管理水平无法满足当代人们的需求,整体管理观念落后,管理水平低下,在一定程度上制约了图书馆管理工作的发展,这就要求在新时代背景下,对传统的数据处理方式进行转变和优化,不断提升管理工作的理念。产生图书馆现实管理问题的主要原因是:随着科学技术的发展,各种新媒体技术和信息技术被广泛应用到不同的工作领域,信息技术改变了人们的生活方式。由于电子阅读工具和互联网技术的普及,人们不再受制于传统的阅读方式,很多信息和资料能够快速进入大众的视野,整个信息获取途径更加灵活多变,传统的阅读方式受到很多条件的制约和限制。

在大数据背景下，传统图书馆的报纸和书刊信息传播手段逐渐被弱化，这就导致整体图书馆信息服务管理水平低下，无法满足当今社会人们的阅读要求。随着信息传播技术产品的更新换代，导致信息服务类型发生变化，传统的图书服务依赖于信息和关键词的搜索，用户可以根据关键词进行资料的查找和获取，这种数据和信息获取方式准确率相对较低，通常会与人们的信息需求产生偏差，整体信息服务类型缺乏便携性和精准度。

新时代背景下，要求图书馆信息管理服务不断地提高信息的获取准确性和便携性，满足不同客户的个性化信息需求，要对不同的客户进行深度的信息挖掘，通过大数据技术对用户个人需求数据进行获取，有效实现了大数据技术和图书馆信息服务两者的结合。

（二）图书馆信息服务应用大数据技术的必要性分析

图书馆的信息管理工作中，由于应用电子化和网络化技术手段，会产生大量的零碎数据信息。传统的信息处理手段具有一定的局限性，无法对这些大量的零碎信息进行有效的储存和管理，造成了大量数据资源浪费和丢失，不利于提高数据信息的利用率。随着信息技术的发展，人们对图书馆的服务理念和服务模式提出了更高的要求，图书馆在信息处理与管理工作中需要满足不同客户的个性化服务需求，在图书馆服务工作领域，需要从不同的工作层面进行服务质量的提升，包括资料搜索以及对图书类型和图书内容的选择上，都需要进一步优化和完善服务模式。这就要求图书馆管理工作需要打破传统的服务理念和思维，应用先进的信息技术手段，不断地提高数据的分析能力和储存能力，深度挖掘用户的服务需求倾向，目的是为读者和用户提供更加精准的图书馆信息服务。

二、图书馆信息服务在大数据时代的发展

（一）不断创新图书馆信息服务理念

在新时代背景下，图书馆信息服务工作的进一步发展，需要对传统的图书馆服务理念进行创新与优化，打破传统思想的禁锢，转变服务思想和服务理念，并对整个管理工作进行必要的创新，为用户和读者提供精准的个性化服务。首先要求图书馆的管理工作人员要明确和认识传统工作中存在的问题和局限性，明确新技术对整个行业发展的重要影响和迫切需求。只有在思想上提高认识，才能有效地促进思想的转变和创新，为整个图书馆信息服务工作的质量提升打好坚实的思想基础。

（二）注重创新图书馆图书信息服务管理工作

图书馆的信息服务管理工作内容相对复杂，工作量大，需要通过不同的分工部门共同

合作才能得以完成，不同部门的负责人对部门内的工作内容进行分配，不同工作人员负责不同的工作内容。随着时代的发展，信息技术广泛应用到企业的管理工作当中。在大数据背景下，要提高图书馆信息管理人员的工作效率和工作质量，在合理分工的前提下，注重部门之间的合作，不断地提升工作效率，加强服务管理工作的创新与发展。

利用大数据技术条件，对整个图书馆管理工作进行优化，完善工作体系，明确工作目标，建立和健全完善的网络服务体系。目的是为客户和读者提供更加高效的便捷服务，并尊重不同客户之间的服务需求，不断深化分析用户的需求规律，通过真实的数据，合理获取用户的信息，为日后的管理工作提供重要的数据参考。同时也能实现服务质量的提升，加强信息化图书馆服务工作的管理，有利于提升图书馆管理工作的服务效果。

（三）积极完善图书馆综合信息服务平台

图书馆信息综合管理平台的创新与优化，为一些精准客户提供高质量服务体验，是最直接的实现途径。在新时代背景下，要求图书馆管理人员做好综合信息服务平台的创新与建设，不断提升用户的服务质量和服务效果，确保客户获取更加良好的体验，有效地实现时代发展与不同用户需求之间的融合。面对这种情况，图书馆应该完善信息查询系统，包括图书的借还信息管理系统、基础服务信息系统等，为图书馆的扩大与发展提供重要的技术支持。同时对信息平台功能的完善具有重要的意义，有效提高了平台信息储存的丰富性和多样性，也提高了信息服务平台的服务范围。比如图书馆综合信息服务平台，可以有效地结合多媒体技术、微信平台、微博和比较流行的网络平台等技术，通过技术合作，实现更加高效的信息传递，使整个客户的图书体验感和体验质量得到明显提升，也有利于图书馆构建综合的信息服务平台，方便对客户需求信息的深度挖掘和处理，对日后的服务工作质量提升具有重要促进作用。

综上所述，大数据时代背景下，人们对图书馆的个性化服务需求有所提高，面对这一情况，需要图书管理人员深度挖掘用户潜在的需求信息，开展个性化服务，有利于促进图书馆行业的发展，满足当下社会的需求。大数据背景下，很多行业得到了巨大进步与发展，为行业的发展提供了重要数据支撑，图书馆信息服务管理工作结合大数据技术，不断地进行工作理念的转变，优化创新管理模式，提升服务水平，是图书行业未来发展的必然趋势。

第三节 基于人工智能的数字图书馆信息服务

随着我国科技水平的不断提高和移动互联网技术的不断发展，大数据技术、云计算技术以及人工智能技术等新技术不断涌现，极大地改变了人们的生活方式、学习方式和工作方式，尤其是人工智能技术的出现和应用，使我国迎来了智能化时代，同时，还实现了数字图书馆信息服务的创新和升级，为最大限度地提高数字图书馆信息服务水平提供重要的技术支持。因此，在人工智能技术的应用背景下，如何实现数字图书馆信息服务的转型和升级是相关人员必须思考和解决的问题。

一、数字图书馆信息服务中应用人工智能技术要解决的问题

（一）信息的智能获取问题

信息智能获取的方式主要包含以下两种方式：一种是静态获取方式，另一种是动态获取方式。其中，前者主要是指将用户学历、兴趣、专业等基础信息存储于数字图书馆信息服务中，用户登录和使用该系统后，系统会自动根据用户行为数据，为用户推送更加精准的信息服务功能。后者主要是指系统通过实时跟踪和记录用户的使用行为数据，准确推测用户的信息需求，并完成对用户信息需求知识库的构建和更新。

（二）信息的智能筛选问题

在信息时代背景下，信息数据具有动态性、多元性、易变性等特征。为了满足用户的个性化需求，为用户推送更加精准的信息服务功能，相关人员要采用层层筛选的方式，完成对各种类型信息的智能化过滤，以提高服务的有效性和针对性。同时，为了进一步提高信息的智能化筛选效率和效果，相关人员要利用服务系统，在全面了解和把握用户信息的基础上，从信息采集、信息过滤、信息筛选等环节入手，完成对各种类型数字化信息内容的整理。在此基础上，根据用户的个性化需求，构建内容丰富的信息知识库，然后，针对用户行为特征，完成对个性化服务内容的有效采集和筛选，为用户带来良好的使用体验。由于个性化服务内容存在交叉重复、更新速度快等问题，相关人员要利用人工智能网络算法，及时过滤和处理错误信息以及冗余信息，同时，还要构建数字图书馆信息服务系统，确保该系统具有强大的自动化过滤功能。

(三)信息服务系统的模块化设计问题

数字图书馆信息服务系统在具体的构建和设计中,通过利用人工智能技术,采用模块化设计思想,完成对如图6-1所示系统模块结构的构建。[①] 从图中可以看出,该系统结构体系主要包含三层,分别是客户层、中间层和后台数据库层。其中,客户层主要包含信息展示模块、用户登录模块和信息搜索模块;中间层主要包含信息智能获取模块、信息智能代理模块、信息智能分类模块等;后台数据库层主要包含系统数据模块、用户数据模块和系统模糊化信息等模块。

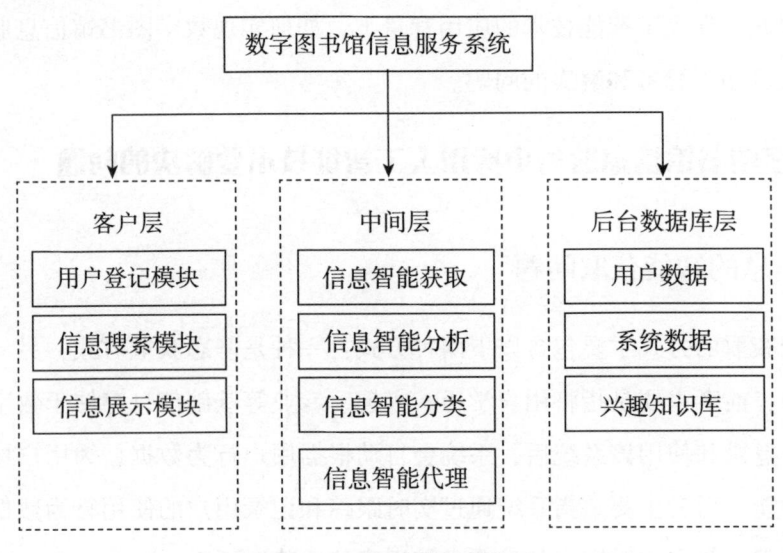

图6-1 系统模块结构

二、基于人工智能的数字图书馆信息服务模式创新策略

(一)信息智能推送服务

信息智能推送服务主要是指通过系统准确地推测和判断用户的使用意图,利用计算机分布技术,自动将用户感兴趣的信息数据推送到其面前,以满足用户的浏览和查阅需求。通常情况下,信息智能推送服务实现方式主要有以下两种:一种是频道方式,另一种是邮件方式。其中,频道方式在具体的运用中,系统通过精确推测和判断用户的使用意图,采用类似于频道选择站点的方式,完成对浏览器各个站点的选择,确保用户在选定的站点内安全可靠地浏览相应的信息数据。邮件方式在具体的运用中,主要利用电子邮箱这一工

---

① 胡琦. 基于人工智能的数字图书馆信息服务 [J]. 江苏科技信息,2021,38(12):12-15.

具，采用邮件的方式，将用户感兴趣的信息数据，精准、高效地推送到用户面前。

对于用户而言，其获取信息途径主要有以下两种：①借助系统精准推送功能，获取相应的信息数据；②通过手动输入的方式，查找自己感兴趣的信息数据，然后，由系统根据用户输入的内容，对海量信息数据进行智能化分类和匹配，从而找出符合用户查找需求的信息，并采用邮件的方式将这些信息呈现在用户面前。

（二）智能定制服务

智能定制服务主要是指用户通过利用全球化网络信息资源，根据自身的实际需求，选择和使用相应的信息服务功能。该项服务在具体的运用中，可以精确推测和判断用户的使用意图，并自动为用户提供系统、完善的信息服务功能，这些服务功能可以直接使用，无需用户手动设置和调整相关参数，极大地提高了用户的使用体验。此外，用户可以根据自己的个性化使用需求，对系统相关参数进行针对性调整和设置。目前，我国大量的数字图书馆信息服务系统完全实现了这一功能，便于用户利用这一功能完成对知识结构的分析和理解，为进一步提高全球化网络资源的利用率打下坚实的基础。

（三）智能代理服务

智能代理服务作为一种常用的信息服务模式，具有强大的智能化检索功能，通过利用该服务模式，可以将智能信息系统与信息共享系统进行充分结合，以完成对虚拟信息的自动化采集和整理。另外，通过利用智能代理服务模式，在不知道用户使用需求的情况下，可以根据用户的操作行为信息数据，自动分析和推测用户的个性化需求，并为用户推送合适的信息数据，以满足用户的查阅需要。因此，用户不仅可以在第一时间内快速查找和浏览合适的信息数据，还能获得很多意想不到的信息数据，极大拓展了用户的眼界，为进一步提高用户的使用体验提供有力的保障。

（四）智能定题服务

目前，在信息技术的不断发展和普及下，人工智能技术应运而生，该技术的出现和应用，极大地拓展了图书馆资源，使得全球化网络资源也纳入了图书馆资源中，确保图书馆突破了馆藏资源的局限性。在这样的背景下，图书馆资源逐渐向海量化、丰富化、多样化方向不断发展。此时，传统的资源搜索模式、资源筛选模式已经无法满足信息时代发展需求。

综上所述，在我国科学技术的不断发展背景下，人工智能技术被广泛地应用于数字图书馆信息服务系统中，促进数字图书馆向智能化、自动化、现代化方向不断发展提供重要的技术支持。为了构建出功能强大的智慧图书馆，相关人员要树立与时俱进的思维，通过综合运用人工智能技术、大数据技术和物联网技术等新技术，构建数字图书馆信息服务平台，从而为读者提供更加高效、优质、精准的信息服务功能，为促进我国图书馆事业的健康、可持续发展提供有力的保障。

第四节 媒体融合与图书馆信息服务效能提升

一、媒体融合的本质以及图书馆信息服务面临的挑战

（一）媒体融合的本质分析

媒体融合（media convergence）最早由尼古拉·尼葛洛庞帝（NicholasNegroponte）提出，媒体融合理论从"三园交叠"到"传播形态融合"概念、"媒介融合"定义，再到"融合新闻""融合连续统一体"概念，从新闻学的媒介融合到"媒介融合"与"媒体融合"同一语的认识，媒体融合源于新闻传播领域并得到不断发展。2014年《关于推动传统媒体和新兴媒体融合发展的指导意见》指出，要推动传统媒体和新兴媒体在内容、渠道、平台、经营、管理等方面深度融合，2016年《关于进一步加快广播电视媒体与新兴媒体融合发展的意见》强调一体化发展，提出推进节目、制播、传播、服务、技术、经营、人才的融合，2019年1月25日习近平总书记在十九届中央政治局"全媒体时代和媒体融合发展"集体学习时强调，要"实现信息内容、技术应用、平台终端、管理手段共融互通"。

从媒体融合发展的理论和实践来看，"三园交叠"强调的是具有现代意义的文化产业与计算机之间的产业的融合，"传播形态融合"强调的是各媒介多功能一体化，"融合新闻"提出所有权融合、策略性融合、结构性融合、信息采集融合、新闻表达融合五种融合类型，"融合连续统一体"强调的合作模式主要有交互推广、克隆、竞合、内容分享全方位合作。我国媒体融合发展表明，媒体融合是传统媒体与新兴媒体的融合、媒体全要素的融合、全媒体的融合。因此，媒体融合的本质在于：第一，内容为王。内容是主题，媒体融合的核心是实现优质内容的有效传播和运用；第二，技术为先。技术是基础，互联网和数字信息技术是媒体融合的路径依赖；第三，服务为本。服务是目的，"新闻+服务+政务

+产业+……"是媒体融合的全媒体服务方式;第四,创新为源。创新是动力,媒体融合是技术创新、内容创新、服务创新、组织创新、机制创新的综合体。

(二)媒体融合背景下图书馆信息服务面临的主要挑战

技术进步推动了图书馆信息服务的演进,表现为信息服务的媒体创新与融合,面对媒体融合的发展,图书馆信息服务面临着效能跃升的挑战。

第一,全息服务效能跃升挑战。媒体融合背景下要求图书馆信息服务实行全息服务效能跃升,即内容全息、媒体全息和环境全息的服务效能跃升。首先,要求内容全息服务效能跃升。图书馆信息服务要充分利用媒体融合平台整理、提炼知识内容,搭建知识网络,实行教学科研个性化网络服务创新、产业发展知识服务网络化创新和社会发展知识服务网络化创新;其次,要求媒体全息服务效能跃升。图书馆信息服务要实行多媒体发展,通过媒体融合,不仅要实行信息服务的多节点交换、多向度交流,而且要实行信息服务的立体化发展,促进传统媒体与新媒体的融合,构建信息服务的三维空间,实现图书馆信息服务与用户体验的立体化耦合;最后,要求环境全息服务效能跃升。图书馆信息服务要实行信息服务的生态化,构建由信息资源、信息服务活动、信息交互主体、信息交互环境构成的信息服务生态系统,促进以知识服务和知识管理为主要内容的信息服务自组织系统智能化运行。

第二,全域服务效能跃升挑战。媒体融合背景下,要求图书馆信息服务实行全域服务效能跃升,即内容全域、交流全域和个性全域的效能跃升。首先要求内容全域服务效能跃升。图书馆信息服务要实行碎片知识系统化,由碎片信息服务发展到系统化知识服务,构建以知识元为主体的系统知识,形成知识系统圈层结构,实行信息服务的系统化。其次要求交流全域服务效能跃升。图书馆信息服务要构建知识交流社区,促进知识社区交流融合,实行多媒体、多向度、交互式的社区知识交流方式,实现显性知识的系统化传递和隐性知识的创新及显性化转换。最后要求个性全域服务效能跃升。针对用户的个性化需求,图书馆信息服务要提供以知识节点为链接的系统化服务,满足用户个性化的核心需求、延展需求和关联泛在需求。

第三,全程服务效能跃升挑战。媒体融合发展要求图书馆信息服务实行全程服务效能跃升,即获取全程、利用全程和创新全程的服务效能跃升。首先是要求获取全程服务效能跃升。图书馆信息服务要改变原有的知识获取的单向度途径,实行以知识节点为中心的多向度获取途径,构建知识获取的网络式全程结构,改善知识获取的空间差异、时间差异和主体差异。其次是要求利用全程服务效能跃升。基于个性化服务需求,图书馆信息服务要以人为本，提供知识的全程利用模式，要融入主体需求的协同和始终，不仅要服务于单一主体需求，而且要服务于多重主体需求，实行基于分工体系的链条式多主体全程利用；不仅要服务于主体清晰需求，而且要服务于主体模糊需求和潜在需求，实行知识主体需求层次的全程利用。最后是要求创新全程服务效能跃升。图书馆信息服务要充分利用创客空间、知识社区等实体和虚拟组织形式，通过交流、利用、贡献、分享等形式，在主体需求过程中实行全程创新服务，增加知识积累的丰富度、知识深化的层次性，增强知识利用的融入度、知识价值的增值性。

二、媒体融合背景下图书馆信息服务效能跃升的实现

图书馆信息服务演进特点和媒体融合的本质表明，媒体融合背景下图书馆信息服务效能提升路径主要有技术依赖创新路径、知识服务创新路径、文化产业耦合路径、生态系统协同路径。技术依赖创新路径是图书馆信息服务效能跃升的基础路径，知识服务创新路径是图书馆信息服务效能跃升的转化路径，文化产业耦合路径是图书馆信息服务效能跃升的延展路径，生态系统协同路径是图书馆信息服务效能跃升的增值路径。

（一）技术依赖创新路径

技术进步促进了图书馆信息服务的转变。在图书馆 3.0 时代，图书馆信息服务效能跃升仍然与技术支持分不开，媒体融合背景下技术依赖与创新是图书馆信息服务效能跃升的基础路径。

技术依赖创新路径的主要内容是：数字化、移动化、互联化、智能化。

首先是从纸质版到数字化的技术依赖创新路径。数字化创新路径改变了图书馆传统的纸质版信息服务方式，信息资源的数字化标准转换，能够通过互联网传输，构建数字化"信息空间"，为信息资源适时、适地提取和运用奠定了基础，有利于信息资源的查询、回溯及相关问题的解决，使信息利用更加便利化，提高了信息资源的服务效能。

其次是从固定端到移动化技术的依赖创新路径。移动技术创新路径改变了过去传统固定端的服务方式，能够通过各种移动终端进行信息资源交互沟通，实行终端创新，带来多样化的服务终端选择，创新了信息资源利用的体验式价值和交互式价值，拓展了信息服务范围。

再次是从局域网到互联化的技术依赖创新。现代图书馆信息服务改变了传统的局域网服务局限，通过互联化技术，不仅将图书馆之间的信息资源终端连接起来，将图书馆信息终端与传统的学习和科学研究终端连接起来，而且将图书馆信息资源与企业终端连接起

来，实现图书馆信息服务的网络创新，形成图书馆信息服务的供给与需求网络，通过信息资源的整理、创新和分类，实现了图书馆信息服务的需求拓展、精准供给和信息共享。

最后是从人工式到智能化的技术依赖创新路径。图书馆信息服务运用智能化技术，使信息服务具有自适应、自校正、自协调的特征，创新了信息服务理念、服务方式和服务管理，实现了用户需求、用户体验、用户交流的一体化服务，提升了信息服务效能；同时，智能化技术与数字化、移动化、互联化技术对接，可形成智慧图书馆技术构架，使图书馆成为一个不受空间限制、被感知的移动图书馆，图书馆信息服务从传统信息服务跃升为现代智慧服务，在互联互通、透彻感知和深度整合的基础上实现服务创新，形成可感知、可计算、可参与、可视化、个性化、泛在化的创意服务。

（二）知识服务创新路径

知识服务是指在用户问题解决的全过程中，面向知识内容，进行知识捕获、分析、重组和应用，提供用户目标驱动的增值服务，图书馆信息服务从文献服务到数据服务，再到发展现代知识服务，既是知识整理加工—挖掘转化—服务延展的过程，也是媒体融合发展带来的机遇和要求。因此，知识服务创新路径是媒体融合背景下图书馆信息服务效能跃升的转化路径。

知识服务创新路径的主要内容是数据化、延伸化、产品化、情境化。

首先是从数字化到数据化的创新路径。数据化不同于数字化，它是将图书馆数字化的信息资源进行识别、分类、著录、标引等，形成图书馆信息资源大数据，便于检索和专门利用。数据化通过数据获取、组织和推送，形成二次文献，实现信息服务，这是知识服务的初级形式和基础。

其次是从原生态到延伸化的创新路径。通过大数据的挖掘，基于用户需求，将原生态的隐性知识转化为显性知识，形成诸如综述、动态等信息服务资源，形成三次文献信息，这是知识服务的一般形式。在隐性、显性知识的相互转换过程中，通过知识创造的 SECI 模型，知识得以丰富、扩展、再生、增值与创新，从而信息服务效能得到跃升。

再次是从信息流到产品化的创新路径。在数据挖掘形成的信息流基础上，再进行隐性知识显性化转换，形成以决策支持和数据服务为主要内容、以产品化为主要形式的学科服务、情报服务、智库服务等新型服务。在数字化、移动化、互联化、智能化技术支撑下，图书馆信息服务不仅为传统的教学、学习、科研提供服务，而且还为企业、经济发展、社会公共服务、文化交流等提供服务产品，扩展服务边界，提高服务效能。

最后是从单向度到情景化的创新路径。基于技术依赖创新路径，面对用户的问题解决，通过互联情景、资源情景、服务情景提供直接和间接的问题解决方案，改变了过去信息索取的单向度局限，通过情景式的交互性特点，形成信息交流和服务网络，提升信息服务效能。一是通过互联和感知，实现个性化服务，直接提供个性化的问题解决方案；二是通过虚拟空间构建学习情景，通过交流、协作，共享集体智慧，间接提供问题的解决方案。

（三）文化产业耦合路径

文化产业是指国民经济中生产具有文化特性的服务产品和实物产品的单位集合体，包括文化及相关产业。在 2018 年国家统计局关于《文化及相关产业分类》中，图书馆属于文化核心领域大类中的重要内容之一。因此，媒体融合背景下图书馆信息服务与文化产业存在耦合关系，文化产业耦合路径是图书馆信息服务效能跃升的延展路径。

文化产业耦合路径的主要内容是服务化、要素化、产品化、产业化。

首先是传统型与服务化融合路径。服务化是指图书馆为文化产业提供信息服务，融合图书馆传统信息服务功能与现代文化服务功能，发挥图书馆文化教育功能，培育和践行社会主义核心价值观，加强公共文化体系建设，繁荣社会主义文化；发挥图书馆情报收集整理功能，通过二次文献、三次文献，生产出新型知识产品，为文化产业发展提供知识资源和智力支撑，促进图书馆信息服务功能拓展。

其次是服务资源与要素化融合路径。图书馆信息服务是文化产业的生产要素，融合图书馆服务资源与生产要素功能，形成文化产业发展的硬要素和软要素。图书馆信息网络和交流空间为文化产业发展提供硬要素，同时信息、知识也是文化产业发展的软要素，通过边际报酬递增的特点，使文化产品价值不断提升，通过渗透性和外溢性效应，丰富文化产品内容，创新文化产品品种，促进信息服务的要素效能拓展。

再次是知识元与产品化融合路径。网络技术的普及化、资源内容的要素化、传播展示媒体平台融合化，推动了图书馆信息服务知识元与文化产业的融合，促进了信息服务从传统图书信息服务向生产要素的转化，再向产品的转化，在文化产业的创意—创新—创造—创业链条中起到了源头作用，并实现了从信息资源要素到创意产品的转化，实现图书馆信息服务的产品效能拓展。

最后是事业型与产业化融合路径。图书馆信息服务硬要素与软要素的结合，促进了要素、产品向产业的转化，赋予了图书馆事业型和产业化的双重功能。信息网络、交流空间与信息、知识、文化资源的结合，促进了要素、产品向文化信息产业、文化创意产业、文化传播产业、产品文化叙事的转换，推动了文化资源的创造性转化发展，催生了新兴的文化产业类型，促进图书馆信息服务的产业效能拓展。

（四）生态系统协同路径

图书馆信息服务生态系统是指构成系统的信息人、信息资源、信息传播环境等各要素所具有的生态关系，在信息生态系统中，信息生产者、信息传递者、信息分解者、信息消费者与外界环境之间的信息交换，构成了一个信息生态循环。因此，在媒体融合背景下，生态系统协同路径是图书馆信息服务效能跃升的增值路径。

生态系统协同路径的主要内容是生态化、集约化、持续化、共享化。

首先是从孤立环到生态化的协同路径。技术创新和产业需求促进了图书馆信息服务突破传统服务的孤立环，将信息人、信息资源、信息传播环境等各要素联系起来，构成生态化的协同关系，即一方面实现人与信息的协同关系，另一方面优化各要素的生态位。通过信息生产者、信息传递者、信息分解者、信息消费者的分工合作，实现信息的传播和信息供求的精准对接，提升服务效能；通过信息人素质提升，信息资源质量提升和要素化、产品化、产业化延伸，网络虚拟空间与实体场馆空间的优化配置，以及"网""端""云"协同，不断优化信息生态系统各要素的生态位，充分发挥生态要素的协同作用，促进信息服务效能协同增值。

其次是从粗放型到集约化的协同路径。图书馆信息生态系统的构建需要集约形式的要素协同，以改变过去多点孤立型运行带来的粗放型高成本，实行信息的集约化生产、集约化传播、集约化消费。媒体融合能够优化信息生产流程和生产模式，实行标准化、层次化生产，促进了集约化生产的现实；媒体融合的网络化、扁平化的信息传播渠道，能够提高信息传播速度，减少信息传播环节，实现集约化传播；媒体融合的网络节点能够实行节点消费联运，通过网络社区实行集中化消费、共享消费，促进信息服务效能增值。

再次是从单链环服务到持续化的协同路径。持续化就是图书馆信息服务生态系统的可持续发展，即改变过去单链环服务状态，发挥生态系统的持续性协同特点，通过生态位的优化，不断优化信息生态价值链条，拓展信息价值增值环节。图书馆信息生态系统催生了产消合——经济模式，通过信息的定制化生产和信息"生产—消费—再生产—再消费"的联动，充分挖掘信息潜在价值，带来信息服务边际报酬的递增，促进信息服务可持续增值。

最后是从独享型到共享化的协同路径。媒体融合背景下，建立在互联网技术基础上的信息生态系统，具有共享经济特征，它改变了过去单链环服务的独享型特点，实现了服务成果共享协同，提升了信息服务效率。信息生态位关系改变了传统的信息传播模式，拓展了信息资源共享环节，媒体的融合和虚拟社区的出现为信息资源共享提供了空间条件，二者使共享边际成本不断降低，实现图书馆信息服务共享增值。

参考文献

[1] 蔡家意. 中国自助图书馆建设的启示及发展趋势 [J]. 农业图书情报学刊, 2017, 29 (02): 126-128.

[2] 曹作华. 图书馆信息资源建设与评价 [M]. 徐州: 中国矿业大学出版社, 2003.

[3] 陈雅洁. 浅析图书馆开展竞争情报服务 [J]. 内蒙古科技与经济, 2014 (19): 141-142.

[4] 程显静. 图书馆建设与发展研究 [M]. 北京: 华龄出版社, 2018.

[5] 顾志芹, 王红梅. 智慧图书馆建设与发展 [J]. 传媒论坛, 2019, 2 (11): 139-140.

[6] 郭雷. 图书馆信息服务在大数据时代的发展探讨 [J]. 科技风, 2020 (27): 93-94.

[7] 胡琦. 基于人工智能的数字图书馆信息服务 [J]. 江苏科技信息, 2021, 38 (12): 12-15.

[8] 靳东旺, 李梅英. 图书馆信息服务研究 [M]. 西安: 西安地图出版社, 2013.

[9] 李敬云. 媒体融合背景下图书馆信息服务效能跃升的实现路径 [J]. 湖北科技学院学报, 2020, 40 (02): 116-120.

[10] 梁欣, 过仕明. 我国移动图书馆服务模式现状与发展趋势 [J]. 情报资料工作, 2013 (05): 98-102.

[11] 罗绘秀. 云计算环境下图书馆信息服务的变革研究 [J]. 农业图书情报学刊, 2016, 28 (01): 184-186.

[12] 吕桂芬. 云计算环境下的图书馆信息服务研究 [J]. 农业网络信息, 2016 (02): 52-55.

[13] 吕静. 关于移动图书馆建设的几点思考 [J]. 科技风, 2017 (12): 281.

[14] 马安宁, 王轩. 智慧图书馆的建设与发展探究 [J]. 文化产业, 2021 (30): 79-81.

[15] 马利华. 图书馆信息管理与服务研究 [M]. 延吉: 延边大学出版社, 2019.

[16] 荣禾健. 自助图书馆建设及发展策略探究 [J]. 办公室业务, 2018 (19): 159.

[17] 司马迁. 《史记》卷六十三《老子韩非列传第三》[M]. 长沙: 岳麓书社, 1988.

[18] 王金. 智慧图书馆建设 [J]. 经济师, 2021 (05): 219-220, 223.

[19] 王璐璐. 浅谈我国移动图书馆的服务模式发展 [J]. 文化产业, 2021 (33): 130-132.

[20] 王伟军. 信息管理基础 [M]. 北京: 首都经济贸易大学出版社, 2010.

[21] 王霞. 图书馆信息服务在大数据时代的发展研究 [J]. 科技资讯, 2019, 17 (02): 200-201.

[22] 吴莉萍. 图书馆学基础与工作实务 [M]. 北京: 北京交通大学出版社, 2014.

[23] 相林菲. 人工智能技术在数字图书馆信息服务中的应用研究 [J]. 科技风, 2018 (35): 65.

[24] 熊赳赳. 我国自助图书馆建设现状与发展策略 [D]. 湘潭: 湘潭大学, 2017.

[25] 阎迪. 大数据时代图书馆信息服务发展及对策研究 [J]. 河北科技图苑, 2017, 30 (01): 47-50.

[26] 殷小川, 张岩, 朱艳硕. 人工智能技术在数字图书馆信息服务中的应用研究 [J]. 产业与科技论坛, 2022, 21 (04): 64-65.

[27] 张涵. 浅谈图书馆建设的人本思想体现 [J]. 佳木斯职业学院学报, 2017 (04): 480-481.

[28] 张靖庚, 王琛. 图书馆开展竞争情报服务的分析研究 [J]. 甘肃科技, 2012, 28 (15): 92-93, 144.

[29] 张荣, 金泽龙. 图书馆学基础 [M]. 成都: 电子科技大学出版社, 2015.

[30] 张瑶, 王宇, 王磊. 主题图书馆建设现状、模式与未来发展策略探索 [J]. 图书情报工作, 2021, 65 (17): 69-78.

[31] 张予涵. 竞争情报结合图书馆服务的应用研究 [J]. 农业图书情报学刊, 2015, 27 (05): 190-191.

[32] 张越. 移动图书馆建设的问题与发展趋势 [J]. 中国管理信息化, 2016, 19 (17): 198.

[33] 朱炜民. 浅议图书馆的社会功能 [J]. 黑龙江档案, 2015 (03): 115.